互联网时代的
商业变革

李娓婷　谭　磊　著

新世界出版社
NEW WORLD PRESS

图书在版编目（CIP）数据

互联网时代的商业变革 / 李娓婷，谭磊著．-- 北京：新世界出版社，2016.6

ISBN 978-7-5104-5696-1

Ⅰ．①互… Ⅱ．①李… ②谭… Ⅲ．①互联网络－应用－企业管理－商业模式－研究 Ⅳ．① F270.7

中国版本图书馆 CIP 数据核字 (2016) 第 105663 号

互联网时代的商业变革

作　　者：李娓婷　谭　磊

策划编辑：张铁成

责任编辑：袁　静

责任印制：李一鸣　黄厚清

出版发行：新世界出版社

社　　址：北京西城区百万庄大街 24 号 (100037)

发 行 部：(010)6899 5968　(010)6899 8705（传真）

总 编 室：(010)6899 5424　(010)6832 6679（传真）

http://www.nwp.cn

http://www.nwp.com.cn

版 权 部：+8610 6899 6306

版权部电子信箱：nwpcd@sina.com

印　　刷：北京中印联印务有限公司

经　　销：新华书店

开　　本：787mm × 1092mm 1/16

字　　数：168 千字　印张：14.25

版　　次：2016 年 6 月第 1 版 第 1 次印刷

书　　号：IISBN 978-7-5104-5696-1

定　　价：45.00 元

自 序

怀着非常激动的心情给自己的《互联网时代》系列丛书第二本写序。不知道从什么时候开始，有了互联网时代的说法，似乎一切都要加上“互联网”几个字才符合时代的标准。自从 2015 年李克强总理在十二届全国人大第二次会议上提出“互联网 +”行动计划之后，互联网时代的巅峰期便悄然来临了。诚如李克强总理所言，“互联网 +”是一种新的经济形态，对于传统企业的发展有很重要的作用，“只要站在‘互联网 +’的风口上顺势而为，会使中国的经济飞起来！”

还记得李总理刚刚提出“互联网 +”的时候，我们的咨询公司正在忙于几家传统企业转型的咨询项目。很多成功的传统企业家越来越多的困惑都来自于他们的企业要不要增加互联网元素，甚至直接问我们，自己的企业该不该做个 APP，言谈中似乎也一定要谈及“互联网 +”才会感觉自己没有被时代淘汰。我们在创办自己的企业“时尚夫人衣橱”的时候，也被问及是否是“互联网 +”的模式。一夜之间，“互联网 +”遍及大街小巷，妇孺皆知。

那么，互联网时代，“互联网 +”真的这么神奇吗?

互联网时代到底给我们的商业经营带来了哪些改变呢?

我们就追寻着“互联网 +”的脚步来看看它到底给商业经营者和消费者带来了哪些变革。

首先，自进入互联网时代以来，电子商务作为一种势头强劲的新兴商业模式，占据了我们生活中的方方面面，越来越多的用户习惯在网上购买商品，这无疑让传统的实体零售业受到了重创。是顺应互联网潮流积极转型？还是固守阵地逆流而立？不管是“+ 互联网”还是“互联网 +”，这是所有涉及销售类的行业在互联网时代下必须进行的思考与抉择。

其实归根结底，电子商务只是互联网所带来的巨大商业变革中的一个缩影，任何行业都不同程度地开始面临互联网所带来的机遇和挑战。在这样的情况下，传统行业要想生存，必须变革，为自己的企业找到新的发展模式和发展方向。

在撰写此书的过程中，我的合伙人谭磊老师，作为在微软总部服务 16 年的资深大数据专家，给予了我很多专业的意见，让我们能更清晰地区别什么是“+ 互联网”和“互联网 +”。

我们认为无论任何形式的技术介入，最终的目的都是为了能够带动传统行业的发展，让传统行业走上一条全新的发展道路，顺应现在市场发展的需求；能够引导传统行业进行正确的商业模式变革，让传统行业以全新的姿态在互联网时代焕发生机。被用户所认可，才是传统行业的经营之根本。

对于传统企业来说，互联网的兴起是一个风险，当然同时更是一个机会。如果传统企业能够成功转型，那么它可以借此走上互联网发展的道路，甚至开创出全新的商业模式。然而，对于传统企业而言，移动支付、大数据、搜索引擎、社交网络和云计算等互联网技术和金融结合，会带来怎样的发展商机？会促成竞争格局发生怎样的变化？这些就是本书要探讨的内容。

本书从六个方面全面介绍了“互联网时代的商业变革”，包括它的准确定义、它所带来的商业模式变革、“互联网 +”的先行者、互联网作为工具如何解决用户的刚性需求、“互联网 +”带来的管理变革以及营销变革。从这些方面，我们将全面地透析什么是互联网时代的商业变革，以及它所发挥的作用，如何改变传统行业，以及在未来发展的趋势。

本文都是从我们身边的小事讲起，由小及大，由浅入深，一步步地全面讲解。无论你是否是企业经营者，这本书都会带给你全新的感受，让你更加了解互联网带给商业的一些变化，这就是本书写作的目的。

“互联网 +”作为一种新鲜事物，它对我们生活的影响将是空前的，不管你是企业家还是普通消费者，都应该对“互联网 +”有一定的认识。因为，它不仅影响着传统企业的发展走向，也改变着我们生活的方方面面。如果在互联网时代不了解“互联网 +”，将是我们的一种损失。

本书虽然有一些专业的词汇和语言，但并不难理解，这也都是我们需要了解的内容。本书一方面面向大众读者，力求让每个普通消费者都能明白“互联网 +”的本质及影响；另一方面，这本书又列出了很多成功案例，让想要在“互联网 +”浪潮下有所改变的传统企业可以通过阅读本书找到关于未来发展问题的解决方案。

让我们一起走进“互联网时代”下的商业世界，一起了解“互联网 +”的变革，共同探寻“互联网 +”下的新环境如何与众不同。

不敢说我们对于这个时代或者商业模式有任何想法，只是结合一些案例说下我们的观点。如果有失偏颇，请见谅。

李娓婷 Coco
时尚夫人衣橱，Coco Closet 创始人
百森咨询 品牌事业部总经理

目录

第二章 商业模式的变革

第三章 用互联网解决刚性需求

第四章 互联网时代的管理变革

第六章 “互联网 +”的先行者

引言

我们的时代

在从中国回西雅图的飞机上，很巧遇见了几个原来微软的老同事，说是打算回去辞职准备自己创业。

“这是一个很棒的时代，是我们的时代。” Claire 如是说。

确实，算上当年在做 MSN 的时间，我做互联网也有 20 年了。为什么说要提“算上”这词儿呢？因为按照现在互联网业内的说法，Google 是互联网公司，Facebook 是互联网公司，连苹果也算互联网公司，不过微软倒好像不怎么被人们认为是互联网领域的先行者。

其实要讲“互联网思维”和“转型”，比尔·盖茨才是最有互联网思维的人。还记得在 1995 年，做网络浏览器的 Netscape 网景（Netscape Communications Corporation，网景通讯公司，“网景”是其常用的简称，成立于 1994 年）公司风靡一时。虽然看起来一时还影响不到微软，然而盖茨看到了危机，他瞬间做了决定，从各个部门抽调了上千名工程师，把网络浏览器（Internet Explorer）作为公司最重要的战略。这个决定不仅改变了网景公司的命运，也让微软的底盘又坚实了 15 年。个人认为，做出这个决定的难度要比今天很多传统企业是否要转型的决定还要难得多。

在“互联网 +”这个词儿出现的时候，我们的团队正在做几个传统公司转型的咨询项目。这些公司的董事长们就试探着问：“谭老师，我们现在要做的这个，就算是‘互联网 +’了吧？”

“当然，您这个做好了就是‘互联网 +’的典型案例了。” 我给予了肯定的回答。

李克强总理提的“互联网 +”在一夜之间把互联网的价值提升到了国家战略层面的高度，这倒是我们之前并不敢想的。“互联网思维、互联网模式、互联网技术”这几个词儿是 2014 年我们组建以互联网技术为核心的浙江省互联网应用协会时采用的关键词，那会儿“互联网思维”这个概念还未被广泛提及。

互联网思维、互联网模式和互联网技术这三个概念中，最重要的是互联网思维，而思维恰恰是最难改变的。在工作中发现，越是之前成功的企业家越是难以真正理解互联网思维。令行禁止，很多传统企业拥抱互联网的做法就是让每个员工关注微博、微信公众账号。然而，并不是说每天让每个员工转发公众号上的企业文化就是有互联网思维了。

互联网模式也不是说通过互联网卖东西，做个微网站就是了。真正的创新模式是很难做出来的，也是可遇而不可求的。所谓应用“互联网模式”其实在很多时候不过就是改善一些环节、去除一些环节、新增加一些环节。

互联网技术的概念覆盖的面很广，编程语言、数据库、网络架构、云计算、大数据、互联网营销推广手段等，我认为这些都是属于互联网技术这个范畴的。其实技术本身并不重要，重要的是能否在合适的环节应用合适的技术。比如单纯做大数据是没有任何意义的，只有在合适的商业逻辑的基础之上，大数据才有真正的价值。

互联网公司、大数据、以数据为导向做决策，这些词儿在未来的若干年会和“电商”一样消亡，因为就像所有的商业都是电商一样，每一家公司都是互联网公司，都会应用大数据，都会转向以数据为导向来做决策。

不管你是否认同“互联网 +”的理念，每一家公司都需要在思维、模式和技术上走自己的路。

这是我们的时代，是每一个有创意、有技术、有想法的人的时代。

谭磊 Raymond

时尚夫人衣橱联合创始人

第一章 互联网时代的商业变革

当2015年李克强总理第一次提出“互联网+”时，许多人一时不太理解，觉得这是一个新词儿。其实，“互联网+”的模式早已存在。从进入互联网时代以来，尤其是近些年随着移动互联网的飞速发展，我们的生活早已经步入“互联网+”中。

1. “互联网+”究竟是什么

有些人可能还没有意识到，我们早已经和“互联网 +”的模式密不可分了。“互联网 +”是由互联网的发展演变而来的，是今天社会发展的一个必然趋势，因为它能充分满足我们对生活的需求。

"互联网+"的基本概念

2015年3月5日，在第十二届全国人大第三次会议上，李克强总理首次提出"互联网+"的概念。在政府工作报告中，他提出"互联网+"的行动计划，也就是"推动移动互联网、云计算、大数据、物联网等与现代制造业结合，促进电子商务、工业互联网和互联网金融健康发展，引导互联网企业拓展国际市场"。

"互联网+"闪亮登场。其实，"互联网+"并不是一个全新的概念。2013年开始出现的O2O和互联网金融，我们认为其实都是"互联网+"的模式。而由政府部门提出要提倡"互联网+"，使得这个概念上升到一个新的层次。政府对"互联网+"行动计划的推行也让不少"互联网+"行业能够有机会接触到政府资源，这也将更加促使"互联网+"行业的蓬勃发展，同时也将为我国的国民经济创造出新的经济增长点。

什么是"互联网+"？

"互联网+"的基本概念其实就是**为某一个传统行业引入互联网元素，让互联网和传统产业深度结合，随之衍生出一种新型的经济形态。简单地说，就是这么一个公式：**

互联网+××传统行业=互联网××行业。

值得注意的是，“互联网 +”的这个模式，做出的效果是“1+1 > 2”。因为，互联网与传统行业的融合并不是形式上的简单叠加，而是一种创新，让传统行业发挥出最佳的状态，这样才能真正实现“互联网 +”中“+”的意义，才能使新的技术和传统产业更好地完成 “生态融合”。

之所以会有“互联网 +”这种新型经济形态，其实是因为利用新的互联网和数据技术，使得传统行业转型升级，从而创造出了新的发展生态。它是以互联网为主的一整套信息技术在经济、社会生活各部门的扩散和应用过程。

“互联网 +”的发生是基于创新 2.0 下的互联网发展形态的演变，在这种新的经济形态下，充分发挥互联网的优势，将此融合到经济社会各领域中，带动传统产业的发展，形成以互联网为基础设施与实现工具的新形态，以提升实体经济的创新力和生产力。

“互联网+”这种创新形态不是突然出现的，而是在新一代信息技术与创新2.0的互动与演进中慢慢浮现的，尤其是互联网高速发展的今天。进入互联网时代以来，“互联网+”又反作用于新一代信息技术形态，两者互相结合、推进，使互联网由被动的工具慢慢发生转变，从而使得“+互联网”变成了“互联网+”，进而对传统产业进行改造，打破以往传统的消费思维，消除了生产与消费之间的鸿沟。

“互联网 +”这种新型经济形态，是对传统行业的提升，同时，也是对我们生活的一种改进，真正将我们的生活融入到互联网中，让我们可以足不出户就满足各种需求，如购物、吃饭、看病、学习等。而当“互联网 +”与更多传统产业相结合后，在未来会满足我们更多的需求。

这里还需要提到的是物联网的概念。所谓的物联网就是把所有物品通过信息传感设备与互联网连接起来，进行信息交换。物联网通过互联网这个媒介产生大量的信息和数据，充分利用好这些，我们就可以对传统产业进行设计、生产、销售以及售后过程的全程改造，从而产生更高的效益。

互联网的创新有的时候真的可以很简单，我们来看下面这张图：

这是法国设计师 Nathan Brunstein 设计的一款能够预报天气的烤面包机（Jamy Toaster），和传统面包机略有不同之处在于这款面包机能够通过互联网获取当天的天气，并打印在面包上。

当然，我们必须要指出的是“互联网”不是万能药，不是在任何领域都能适用的。在一些传统企业，比如军工企业，或者生产某个工业设备配件的制造型企业，强加上“互联网 +”的概念是没有意义的。当下，当传统企业的发展遇到瓶颈和严酷竞争时的时候，它们通常都无所适从，而互联网看起来像是一个能够给它们提供出路的选择。全面拥抱互联网可能是一个好的方向，但如果盲目进入就不见得是一个正确的选择。对于刚才提到的那些类企业，我们能够借鉴的是运用互联网和互联网企业的思维和模式以及互联网相关的技术，来改善其现有的做事流程和方式。

"互联网 + "的本质在于数据

我们来看一下在"互联网 +"这个概念中提到的技术：

- 移动互联网
- 物联网
- 大数据
- 云计算
- 互联网金融

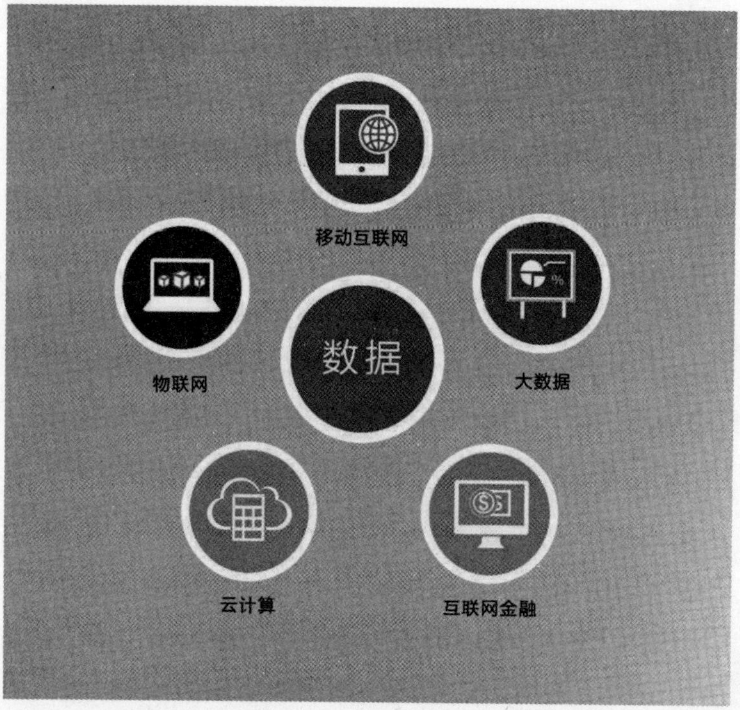

这本书不是以阐述技术为中心的，所以我们就略过剖析这些技术的原理和发展历史，而主要看下这些技术究竟为我们提供了些什么。

移动互联网超越传统互联网最根本的地方在于介质的转移，从每个人的桌面转移到了每个人的手中。而物联网的万物互联更是把整个人类世界联系在了一起。

如果只是单纯地把人与人、人与物、人与企业在线上连在一起，这是没有意义的。移动互联网和物联网的价值所在，其根本就是时时刻刻所产生的数据。

大数据和云计算正是在这种背景下应运而生的两项技术。整个世界产生的数据量每两年都会翻一倍，与此同时，数据的复杂度也在增加，也就是说如果我们想要完全处理并消化掉新的信息所带给我们的价值，至少需要成倍的计算能力。

大数据的“四 V”概念其实就是在原有的“三 V”基础上增加了第四个首字母为 V 的英文词，附加价值 V —— Value，指的是企业要实现的是大数据的附加价值化，也就是数据运营和应用的重要性。

拥抱“互联网”的传统产业越多，人们在互联网上所发生的行为、产生的数据也就越多。在未来，“互联网 +”将会把人们的生活完全呈现在线上，你的一切都会成为数据，而这些数据可以随时被调用和挖掘。

互联网最有价值之处在于对已有行业的潜力做重新整合和挖掘，用新的思维方式来重新塑造和提升传统行业。

其实上述这五项技术的核心都在于“数据”。互联网的应用旨在打破信息的不对称性，使得这些数据尽量透明。

在“大数据”时代，数据将是企业，特别是金融企业的核心资产。如何充分利用历史积累的以及每天产生的海量数据，如何从数据中提取有价值的信息，如何把信息转化成商业智能（Business Intelligence），对企业的竞争力乃至成败都会起到至关重要的作用。

整合数据最常见，也是最有效的应用之一就是CRM（Customer Relationship Management，客户关系管理系统）。MBA、CEO必读12篇以及EMBA等商管教育对CRM的定义是：企业利用相应的信息技术以及互联网技术来协调企业与顾客间在销售、营销和服务上的交互，从而提升其管理方式，向客户提供创新式的个性化的客户交互和服务的过程。在不同场合下，CRM可能是一个管理学术语，可能是一个软件系统。CRM通过先进的软件技术、数据分析和数据挖掘方法，分析现有客户和潜在客户相关的需求、模式、机会、风险和成本，制定相应的策略，以实现企业经济效益最大化。

从本质上看，CRM是在企业文化与业务流程结合的同时，形成以客户为中心、以数据为中心的运营理念，而不再是以产品为核心的传统理念。企业把客户作为最重要的企业资源，通过提供更快速、周到和准确的优质服务吸引新客户、保留旧客户，达到个性化的服务，以提高客户满意度和忠诚度；同时所有的运营活动都可以基于数据，特别是客户的反馈数据至上，无论是对新产品的制定、推出，市场营销的效果评定，还是服务和技术支持的满意度，都可以用数据说话，实现基于数据的弹性运营，加快运营流程。

"互联网+"加什么?

我们可以认为"互联网+"是一个公式的一半,

互联网+×× 行业=互联网 ×× 行业。

那么,在+号后面是不是可以加任何行业呢?

我们认为,要解答这个问题,需要从三个方面进行考虑:

首先，“互联网 +”后面所加的企业一定是传统行业。

不但是传统行业，而且一定是迫切需要改变的传统行业。如果不是一个传统行业，那这个公式就没有意义了，互联网 + 互联网，得到的还是互联网。

为什么一定要加传统行业？

在各种互联网公司做得风生水起的今天，很多传统行业的发展却出现了瓶颈。很多企业虽然在过去的几年中活得很艰难，但他们才是中国经济发展的基础，也是我们生活中不可或缺的基石。

将互联网与传统行业相结合，可以让互联网的优势，为传统行业打开一个新的发展局面；同时也能让传统行业发挥出自身的优势，满足人们日常生活的需求。这是一个双赢的局面，也是人们所期盼的结果。

其次，“互联网 +”后面所加的行业要能够与互联网真正融合，达到最好的效果。但并不是所有的行业都适合做“互联网 +”。

“互联网 +”出现的目的就是带动其他行业的发展，如果不能达到这个效果，那么，这个公式也就失去了意义。

“互联网 +”与后面所加的行业是相辅相成的关系，以一个行业的优势弥补另一个行业的不足，最终使两者都达到最好的状态，发挥出最佳的效果。

比如，互联网传播信息快速、应用方便，使得与之相加的传统行业也能够通过网络随时出现在人们的日常生活中，不仅方便、快捷，而且在保证了原有质量的基础上，价格还能具有一定优势。

比如，金融行业、医疗行业和最传统的农业，在和互联网结合之后，就成为了互联网金融、互联网医疗、互联网农业。与互联网相加，给人的不只是一种新颖的感觉，还给这些传统行业输入了新鲜的血液，使得这些行业找到了新的方向。这不仅是“互联网 +”的意义所在，也是“互联网 +”能够得到这么广泛的关注及应用的原因。

最后，“互联网 +”后面所加的行业的产品要能够符合市场的需求。

市场需要什么，消费者需要什么，“互联网 +”后面才能够加什么，而不是我们随意决定加上什么。

不是任何一个行业或产品都能够与互联网相加的，随意的叠加没有任何积极的意义，甚至会引起一些躁动不安。把互联网硬生生地与一些传统产业相加而没有得到大众的认可与追捧，最终只能以失败告终，也就失去了相加的意义。

与互联网相加的一定是传统行业，只要能够符合市场的需求，满足人们的消费需求，使两者产生的结果达到最佳的效果就是可以的。换句话说，通过与互联网相加，如果能够提高传统产业的生产制造技术水平，拉近用户与制造商的距离，使生产出的产品符合市场的要求与需求，将传统产品或服务做得更好、卖得更好，就是可以与互联网相加的产业。

"互联网 +"的重要特征

"互联网 +"是这个时代的必然产物。它并不是突然降临的，而是在潜移默化中慢慢改变着我们的生活。

"互联网 +"说的是一个大方向，它并不局限于某一范围或某一领域，只要能够与互联网相加大于二，并能产生积极的作用的企业或者产业，就可以套用这个公式。总体来说，"互联网 +"具有如下重要特征：

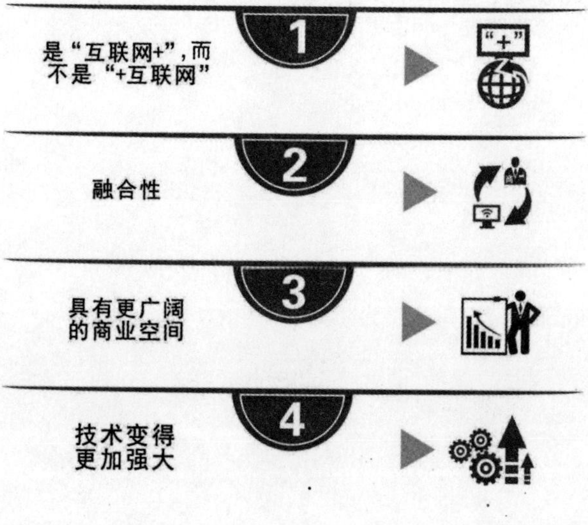

（1）是"互联网 +"，而不是"+ 互联网"

在互联网刚刚兴起之时，我们经常会听到"××+ 互联网"，这是因为对很多人来说，互联网是一种新鲜事物，对其还不是很了解，会持有一种观望的态度。这时，互联网要想被人们普遍接受，只能从人们最熟悉的事物入手，便有了“+ 互联网”。在第六章，我们还会对“+ 互联网”的概念作更加深入的描述。

当互联网已经为人们所熟知后，“互联网 +”的公式才出现，加号位置的转变决定了是主动关系的变化。现在之所以会出现“互联网 +”的公式，是因为互联网的作用已经被认可，并且互联网拥有其他产业所不具备的优势，能够带动传统行业走向新的运营模式，这是互联网发展的必然结果。

（2）融合性

“互联网 +”能够迅速普及并得到广泛应用，是因为互联网本来就是工具和手段，它有很好的融合性。我们用互联网能够把技术与商业内容结合起来，从而创造出新的、更有利于发展的模式。

互联网具有能够包容一切的特点，但是，也正因为如此，互联网本身缺少识别的能力，这就需要我们自己来鉴别这个公式能与哪些传统行业相加，因为加在不同的行业上起到的作用会有所不同。

（3）具有更广阔的商业空间

“互联网 +”的模式，带动了许多传统行业，并使这些行业走上新的发展道路，这样不仅会使这些行业产生更多的收益，还能使网络应用变得更加宽广。

在互联网时代，和互联网结合的模式曾经拯救了一些传统行业，使他们重新走上了广阔的发展道路。比如通过社交网络，传统行业可以让更多的人了解企业并购买产品，开拓企业的销售渠道，增加新的商机。而那些墨守成规的传统行业渐渐脱离了消费者的视线。因此，只有通过变化，拥抱互联网合作，才能让很多传统企业为消费者所接受。

（4）技术变得更加强大

在“互联网 +”中，我们强调的是与互联网相关的各项技术。互联网要与其他行业相融合，还要带动这些行业的发展，这就需要互联网技术在应用中不断地强大。当互联网技术变得更加强大时，也就能带动更多传统行业的发展，使二者融合得更加紧密，从而达到最理想的状态。

从发展层面上看，传统行业也会在与互联网融合的过程下，变得比以往更加受大众的欢迎，无论是产品设计、制造流程还是销售手段上都得到了一定的提升。

以上这些是“互联网 +”的重要特征。在应用互联网的过程中，我们应当充分考虑到这些特征，只有应用得当，才能发挥出互联网的最大优势，才能够使传统行业走向更加光明的发展道路，使两者真正融合，达到最佳的效果。

一家“互联网 +”的企业如何才能做好呢？雷军同学是这么总结的：

小米最重要的思想就是“专注、极致、口碑、快”这 7 字方针：

——专注：专注的核心就是少，少就是多。

——极致：就要做最好的产品，做到极限。

——口碑：今天互联网最核心的问题就是口碑，不仅是好产品的口碑，最重要的是超出用户预期，就是比用户想象的还要好。

——快：如今的互联网就是要快，因为速度慢的话，在今天互联网领域基本是没有机会的。

一家企业如果能够真正做到“专注、极致、口碑、快”，虽然说它并不一定能够成功，但它一定是走在正确的道路上。

“互联网 +”模式的核心

当“互联网 +”逐渐成为人们观注的焦点时，对这个概念的曲解也随之出现了。

在互联网的推动下，许多企业都想转型，与互联网扯上或多或少的关系，认为这样就能够受到大众的欢迎。于是，很多企业就在根本不了解“互联网 +”的情况下，强行与互联网相加，结果可想而知，不但没有起到任何积极的作用，还使这些企业成了互联网泡沫的一部分，最终不过是昙花一现。

其实，“互联网 +”的核心并不在于互联网，而在于这个“+”的符号。“+”号代表了融合，如果没有很好的融合，没有各自的优势，相加也就没有任何意义。而什么样的融合才是真正有效的融合，就需要互联网与相加的企业共同努力。

“互联网 +”的这个核心的“+”号，应从多个方面进行诠释，使“互联网 +”的融合性更加全面，更能起到积极的作用。这个“+”号主要可以从这几个方面来理解：

（1）融合性在技术层面的表现

当“互联网 +”与传统企业发生碰撞时，首先要相加的是技术，只有能够在技术层面上融合，才能继续进行下一步相加。

在技术层面上相加是指互联网与传统企业结合双方自身特点，找到突破口，在整体上进行叠加。这里指的技术是和互联网或者移动互联网相关的各种技术，包括大数据、物联网等。

不过，如果想真正让互联网与相加的企业进行融合，并起到积极的作用，光有技术相加是不够的，更需要的是下面两个方面。

（2）在思维和理念上的融合

之所以很多企业的互联网转型不成功，是因为它们只是应用了互联网技术，而没有在思维和理念上发生任何改变。

很多传统企业看到互联网的蓬勃发展，就想与之扯上一些关系，让自己也为消费者所追捧，于是就牵强附会地强行在技术层面上与互联网相加，却忽视了在思维、理念上的融合，这样做的结果必然是失败的。

在思维与理念上的融合，是指想要与互联网相加的传统企业要透彻理解互联网的真正含义。互联网并不是万能的，也要遵循一定的规则。同时，传统企业要清楚地了解其自身特点，深入思考从哪个方面和互联网进行融合才是最合适的。

（3）在模式创新上的融合

“互联网 +”的这个“+”号，最终还表现在以人为本的创新模式上。以人为本的创新模式是互联网与传统行业相加的终极层次，也是决定两者相加之后能走多远以及最终会走到哪里的模式。

“互联网 +”的最大价值在于服务好消费者，让消费者在消费时更加方便、更加随心所欲。因此，以人为本推动管理与服务模式创新将是互联网与传统企业相加的最终目的。至于能不能实现这个目的，还需要付出很多努力，因此在相加的过程中，要充分发挥好双方各自的优势，共同进步，这样才能逐步向最终目的靠拢。

只有抓住“互联网 +”的核心，即这个“+”号的含义，才能避免泡沫的发生，真正做出一个有意义的新模式。我们需要时刻谨记，“互联网 +”不只是表面的简单相加，还要挖掘更深处的东西，使我们的企业向最终的目的一步步靠近。

② “互联网+”对传统企业的颠覆与预警

“互联网 +”使得传统企业受到了威胁。在很多领域，人们不再依赖于传统行业，如果传统行业未能紧跟互联网时代的脚步，将会很难再得到消费者的认可。实际上，有些传统行业已经被颠覆了，而其他暂时还没有被颠覆的行业也得到了预警。对于一些传统企业来说，只有走“互联网 +”的模式，才能更好地发展，并取得积极的成效。

Facebook，是世界上最大的媒体公司，自己却不生成任何内容；Uber，是世界上最大的出租车公司，自己却没有一辆出租车；Airbnb，是世界上最大的租屋提供商，自己却没有任何房地产。

他们提供的只是用户交互平台，而这就是互联网的价值。

用户主权：传统优势将不复存在

互联网不仅改变了人们的消费习惯，也改变了传统商业模式。在互联网上，快速传播的信息，使利用信息不对称的盈利模式摇摇欲坠。而主导权也从商家手中转移到了用户手里，我们称其为互联网带来的用户主权。

在我们看来，用户主权主要表现在以下几个方面：

（1）用户决定市场需求

在互联网时代，几乎每个人都不离开互联网，对自己的需求有更加清晰的认识，不再盲目地跟从广告。

尤其是85后、90后，特别是00后，对网络的依赖程度较强，他们希望能够通过互联网，特别是移动互联网来解决日常生活中的一切需求。他们对于传统品牌广告甚至可能有天生的抵抗力，想要寻求的是自己真正喜欢的和真正需要的物品。和传统广告相比，网络传播速度非常快，其采用的创意和策划可以随时更新和变化，这一点更加契合年轻人的思维。

意识到消费者思维转变的商家，也就不再花大量资金在传统广告的宣传上，转而把资源用来满足有需要的消费者，根据他们的需求来安排生产，这样不仅使其产品销量有所保障，也能使其以合适的价格赚取更多的利润。

（2）小批量定制化生产崛起

随着互联网的普及，获取各种资源的门槛变低了，消费者可以借助网络定制自己想要的产品，来满足自己的个性化需求。而这种私人定制在互联网没有普及之前是不可能做到的。

小批量定制化生产让每个消费者有可能变成制造者和生产商，也让市场变得更加活跃，使供求数量更加趋于一致。而厂商在有消费需求时才集中进行小批量定制生产，也会避免资源浪费和库存堆积。

（3）品牌概念逐渐改变

由于商品更新换代的速度加快，使消费者对品牌的概念逐渐发生转变，以往卖得很好的大品牌产品，在互联网时代，销量反而不如以前。而一些新兴品牌迅速崛起，却占领了相当的市场份额。

在互联网时代，消费者不再以商家为中心，而是有了自己更加明确的需求，这样以商家为中心的传统优势不复存在，用户主权逐渐深入人心。因此，传统企业需要客观、冷静地分析市场，做出合适的改变来重新设计品牌策略，顺应时代发展，否则只会被淘汰。

消费者的自我意识更强了，对商品与服务的要求也越来越严格，这对商家来说并不是一件坏事。如果商家能够根据这个状况调整好自己，这将是很大的一个机遇，因为消费者的需求已经逐渐从纯粹的价格导向转为对自我要求的满足。

我们来看一个例子。

美国的BlockBuster和Netflix就是一个典型的互联网颠覆传统企业的案例。在2002年，BlockBuster的年收入是55亿美金，而Netflix的年收入只有1.5亿美金。前者的主要收入来自于线下的录像带租赁，而后者是通过互联网做录像带租赁。13年之后，Netflix是美国新传媒领域的领军公司，而BlockBuster公司已经不复存在。

归根结底，“互联网+”是对传统企业的挑战还是机遇，取决于商家的思维与决策。对于企业来说，危机也是转机，就是要在危险的境况中寻求机会，而“互联网+”是一个让传统企业走上新的发展道路与方向的好时机。

去中心化：规模经济反成发展阻碍

“互联网 +”模式的出现，改变了人们的消费观念，改变了传统企业的发展方向。但是，“互联网 +”并不是要替代传统企业与商品，相反地，它需要以这些传统企业为基础。“互联网 +”完成的一件事情是“去中心化”，而“去中心化”恰恰是互联网精神的核心理念之一。

一直以来，传统的商业模式主导着人们的消费方向，我们往往都围绕着某一个点，或者说是“中心”在做一些事情。而“互联网 +”的出现，使人们的消费方式变得更加多样化，用户们发现如果说有中心的话，这个中心不再是传统的公司，不再是一个线下的商业中心，而是用户自己。

这并不是对传统模式完全的颠覆，而是一种补充，使传统消费不再是唯一。“去中心化”的理念，也可以说是以用户为中心，是传统产业转型升级的一种方式。

“去中心化”的转变，必然使传统的规模经济变成发展的阻碍，因为，“互联网 +”下的经济形态是零散的、可变化的，能够根据消费需求做出灵活改变，而不以某个经济体为中心。

这种去中心化的改变主要表现在：

（1）"互联网 +"的作用对于传统行业的作用，是带动发展，而不是取代

"互联网 +"具有独特的优势，是时代发展的必然趋势。这样的新鲜事物会带动传统行业，能够让传统行业得到更好的发展，防止被大众所淘汰。并且，"互联网 +"做的事情是带动传统行业，而不是取而代之。

（2）"互联网 +"与传统行业之间的关系是互补关系，不是主次关系

"互联网 +"带动传统行业转型，只是以互联网的优越性，来弥补传统行业的不足，而传统行业在过去积累的各种经验也是值得借鉴的。这样的结合不仅使传统行业有了新的发展方向，也使互联网的发展进入又一个垂直领域，真正融入到人们的现实生活中。

"互联网 +"与传统行业谈不上主次之分，只是互补的。传统行业的经验加上互联网的新技术能够创造相得益彰的效果。

（3）“互联网 +”弱化了传统行业的规模经济，并没有形成新的“中心”

“互联网 +”只是让规模经济弱化了，不再以它为中心，并从其他方向对其进行补充，让市场经济更加完善。从本质上来说，“互联网”并没有成为一个新的“中心”，而是处在一个补充的角色。

由此也可以看出“互联网 +”的去中心化，是互联网时代发展的趋势，是对传统行业的补充与扩展，不是取代。这就像前两次工业革命让我们的生活变得更好一样，互联网的变革是作为第三次工业革命的一个重要部分，改善和丰富了我们的生活。

“互联网 +”的去中心化只会让传统行业走得更远，更好地为人们的生活服务，只有让传统企业与互联网相加，才能够满足其各自的发展需求。

去中介化：产销互动更加直接

“互联网 +”的出现，使顾客可以直接建立与生产商的联系，生产和销售之间变得更加紧密。产品可以直接送到顾客手中，不再需要中间商和渠道商，减少了中间环节，节约了成本，顾客可因此享受到更低的价格。这种情况的出现，就是“互联网 +”的另一个作用，去中介化。

产销的去中介化对生产商和顾客来说，都是有利的，因为让生产商和顾客直接接洽，生产商可以直接从顾客那里获得较高的价格，而同时顾客又能享受到较低的价格。让原被中间商、经销商和渠道商层层刮去的利润重新回归。

“互联网 +”的这种去中介化，其优势主要表现在：

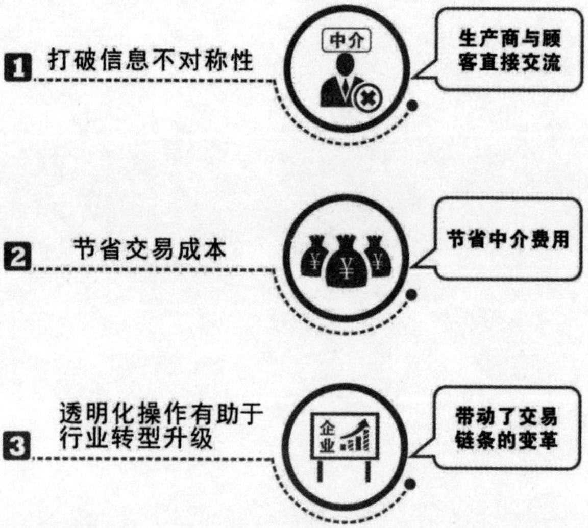

（1）打破信息不对称性

在历史上，中介是因为信息的不对称性而形成的。生产商无法直接找到购买的顾客，顾客也无法直接找到生产商。中间商在中间环节正是利用了这种信息不对称性，压低生产商的商品价格，又控制顾客所购买商品的价格，从中赚取差额。

"互联网 +"的出现，使得许多传统行业能够依靠互联网迅速传播、接收信息，打破了信息不对称性。生产商获得与顾客直接交流的途径，不再依靠中间商，节省了中介费用；生产商不再需要在中间环节投入成本；顾客直接从生产商那里购买的商品价格也比从中间商那里的低。而这些依靠的都是信息的快速传播。"互联网 +"发挥了互联网的特点与优势，带动传统行业走向新的发展模式。

（2）节省交易成本

在以往传统的销售模式中，生产商要为商品做很多广告，让顾客了解商品的基本信息，再与一些中间商进行合作，以较低的价格将商品承包给中间商，再由中间商卖到顾客手上。这样，不仅生产商赚取的利润较低，顾客购买的价格也较高，对双方都不利，而中间商作为中介则赚取了渠道的鸿利。

"互联网 +"的这种去中介化，使生产商与顾客都不再需要中间商作为中介，可以进行直接交易，这种供需双方的直接对接，让生产商和顾客在时间、人力、物力等方面都节省了很多交易成本。

（3）透明化操作有助于行业转型升级

由于互联网"去中介化"，缩短了烦琐的交易流程，使参与者变少，交易过程会更加清晰地展示在互联网上面，生产商和顾客可以随时审核查看，这在一定程度上保证了交易的透明度。这种透明化的交易模式，有效地监督了生产商的生产与销售行为，有助于提升整个行业的水平。

交易的透明化，让顾客能够清晰地了解收费标准，避免了在暗箱操作下的高额中介费，互联网的便利也节省了很多服务费，为交易双方争取到了最大的获益空间，让生产商有更多的时间与金钱去改造与升级该行业，从而找到更好的发展方向。

“互联网 +”的这种“去中介化”其实并未改变传统企业的本质，只是让产销互动更加直接，流程简化，节省了交易成本。

我们不必担心“互联网 +”会使得传统企业消亡。互联网发展至今，就像当年引发工业革命的蒸汽机一样，只是带动商业新变革的工具和催化剂。不过，新的交易模式依然植根于传统行业，传统企业也应顺应这种交易模式的变更，积极地配合，并做出相应地改变，才能真正融入到新的商业模式中，让新的模式带动企业不断向前发展。

个性化：竞争格局重新调整

“互联网 +”的迅速普及，使其一种新特性跃入人们的视野——个性化。个性化表现在产品设计、研发、推广等各个阶段。

在“互联网 +”的带动下，产品更新换代异常迅速，消费者看重的不仅仅是品牌本身，更看重品牌中满足客户需求的一面。随着国内商品生产技术的逐渐成熟，所有商品在各项指标上都相差无几，消费者最终决定购买的理由往往是一个或多个他自己在意的细节。企业之间的竞争就在于谁能够真正理解用户，并抓住细节来吸引细分市场中的用户。

竞争格局的改变，对那些一直以高姿态自居的大品牌产生了很大的影响，它们也开始有了危机感。为了满足消费者不断变化的购买需求，它们也开始想方设法做出种种调整来迎合消费者。

“互联网 +”带来的个性化趋势主要表现在以下几个方面：

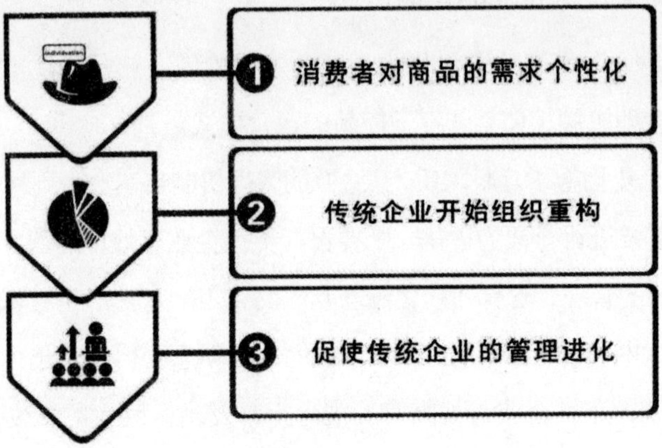

（1）消费者对商品的需求个性化

互联网时代的快速发展，电商的迅速普及，使得在网络上出现了琳琅满目的商品，不论是从质量上还是其他细节上，如设计理念、广告语、售后服务等，都在不断改变着消费者对商品的需求。

85后的新生代对于商品的个性化要求和他们对网络的依赖度一样高，一方面希望能够通过互联网解决日常生活中的一切需求，另一方面希望需求的商品不是大众化的而是符合他们个性化要求的。他们追求的不是品牌，不是大家公认的商品，而是自己真正喜欢的、符合自我个性化需求的物品。

这几年受消费者推崇的“私人定制”理念可以算是个性化的一个体现。

（2）传统企业开始组织重构

传统企业与互联网相融合，形成一种新的经济形态，并不断涌现出新的市场需求。这对传统企业来说既是挑战，又是机遇，应运而变的传统企业将会重新获得勃勃生机。

为了适应这种变化，传统企业需要对原有的组织进行相应的调整与重构，用能够最快融入互联网的组织架构去迎接“互联网+”的到来，这是在新的竞争格局中不被打败的最有效方式。

（3）促使传统企业的管理进化

“互联网+”带来的个性化改变，会逼得传统企业开始注重管理，不断优化和改进管理机制，使其能够适应新的运营模式。

当传统企业拥抱了互联网后，其原有的管理机制自然会受到冲击。这时候，管理机制便需要进行全面的进化，既要保持传统企业有效地运营，又要做好基于互联网模式的管理，这样才能保证与互联网完美融合并产生最积极的作用。

在“互联网+”的影响下，原本传统的消费理念变得越来越具有个性化。无论是消费者，还是企业，其固有的观念上都发生了巨大的转变，消费者不断追求个性化的商品与服务，企业也不断地去满足和挖掘消费者的个性化需求。这种由消费者的需求带动的新生产体系，就是“互联网 +”对传统企业的竞争格局所产生的影响。

在线化：商业模式重新构建

现代管理学之父彼得·德鲁克曾经说过："当今企业之间的竞争，不是产品之间的竞争，而是商业模式之间的竞争。"由此可见，商业模式对一个企业的重要性。互联网，特别是移动互联网的崛起，使得传统企业需要在线上整合他们的资源，重新构建商业模式。

在传统的商业模式中，企业往往不是直接面对消费者，就算是研究消费者需求的市场调查在很多时候也是借助第三方来完成的。而在今天，好的产品往往是由消费者主导的，只有企业生产的产品更加符合消费者的需求，才能引起消费者的购买欲望。

因此，企业的商业模式应转化成"你想买什么样的产品，我就生产什么样的产品"，也就是说商业模式正在从"B2C"（Business to Customer）转向"C2B"（Customer to Business）。企业应主动建立收集消费者认知和需求的渠道，让更多的消费者来参与产品的设计、生产、销售、评价和传播。C2B 模式无限地拉近了品牌与消费者的距离，这也是互联网在线化呈现出来的主要特点。

互联网所呈现出来的在线化特点，给传统企业带来了一些新的商业模式，主要分为以下几种：

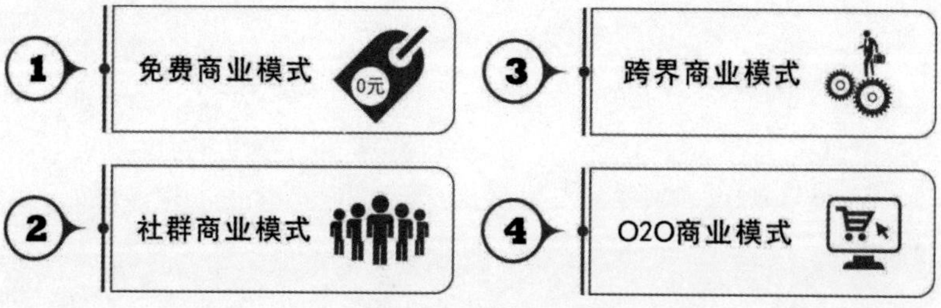

（1）免费商业模式

互联网之所以能够这么快速地普及，它的免费模式是功不可没的。我们在互联网上获得的大量内容和信息都是免费的。而正是这种免费性，使得互联网迅速达到今天的规模。

在克里斯·安德森的《免费：商业的未来》一书中，他的主要观点就是，互联网的“免费”并不是一种从左口袋到右口袋的营销伎俩，而是一种把货物和服务的成本压低到零的新型能力。最早在20世纪出现的“免费”是一种强有力的推销手段，而在21世纪它已经成为一种全新的经济模式。

（2）社群商业模式

物以类聚，人以群分。在互联网上，信息的交流越来越便捷，使得志同道合的人更容易聚到一起。在不同的社交应用上，不同的人根据各自的喜好或者属性聚集在一起，如果商家能够精准地把握到他们的需求，那么营销便可以很有针对性。同时，企业也可以让这些细分人群帮助他们做产品推广甚至产品设计。

这种社群商业模式，是连接消费者与品牌的最短途径。

（3）跨界商业模式

跨界商业模式是“互联网+”带来的又一个商业模式。一个品牌不仅仅只做一个系列的产品，还会做其他不同类型的产品，最典型的案例当属成功杀入家电行业的乐视。

跨界商业模式这几年愈演愈烈，让很多企业都无法正确判断竞争对手究竟来自何方，企业要防范的不仅是同类产品的品牌，还要时刻留意做其他产品的品牌。要想持续被消费者认可，任何一个企业都不敢有所懈怠，只能不断地创造出更多更有价值的产品。当然，这样对消费者是很有利的。商家竞争越是激烈，就越会出现性价比更高的商品和服务，让消费者坐收渔翁之利。

（4）O2O 商业模式

O2O 商业模式其实不一定是 Online To Offline，或者说是“线上购买，线下消费”，在很多时候也可以是 Offline To Online，把用户从线下引到线上。

在传统意义的互联网上，许多餐饮业，或者团购网站采取的 O2O 商业模式指的就是前者。消费者可以在线上先选择商品或服务，然后付款或者获取优惠券，最后到线下实体店去消费。

O2O 的模式在不久的将来会消亡，因为所有的用户会既使用线上，又使用线下的渠道来消费。

据 2014 年 Harris Interactive 的数据显示，绝大多数的美国人都会使用多渠道购买，69% 的人采用 webrooming（线上浏览线下购买）的方式，49% 的人采用 showrooming（线下访问线上购买）的方式。

“互联网 +”的在线化，催生了以上这些商业模式。我们也需要时刻注意到，随着新传统企业的加入，新的商业模式也会层出不穷。我们甚至认为，会有一些传统企业完全靠数据驱动，从自己原有渠道中所拥有的大量数据来产生新的商业模式。

第二章 商业模式的变革

真正意义上的“互联网 +”改变的是一家企业的商业模式和思维方式。传统企业要做到真正意义上的转型，需要在商业模式上做革新，而商业模式的变革会让产品的更新迭代更加敏捷，用户的选择更加多样。当然，随之而来的市场竞争也会变得更加激烈。

1. 传统企业跨界融合的步骤

“互联网 +”的出现，让传统企业既欣喜又担忧。虽然互联网可以让传统企业走上一条全新的发展道路，不过如何与互联网完美融合，却是让传统企业头疼的一个问题。

紧跟时代脚步，发现经济新趋势

一家传统企业如果想要做到与互联网完美融合，首先需要密切关注经济的新趋势，以及在互联网领域新出现的机会，而不只是把互联网作为一个媒介。如果传统企业不能抓住在互联网上出现的新机会改造自己，就有可能在残酷的竞争中被淘汰出局。

据我们看来，在互联网之下的经济发展新趋势主要有以下这几种表现：

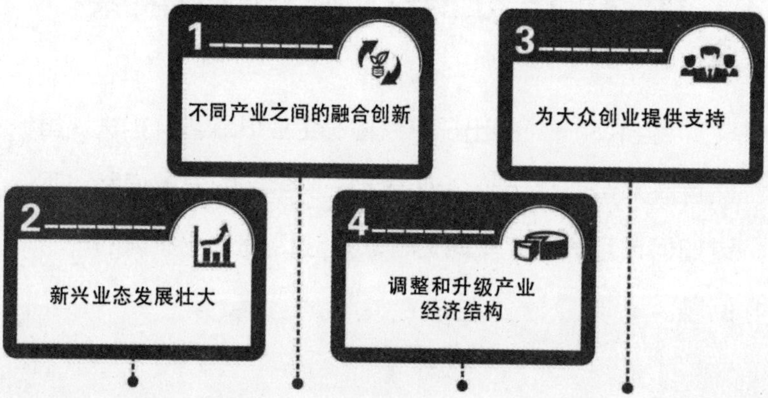

（1）不同产业之间的融合创新

在互联网的基础上，不同产业之间的交流变得更加畅通。消费者的需求往往是综合性的需求，因此在不同产业之间要融合创新才能更好地服务客户。

不同产业之间进行融合创新，让消费者可以以优惠的条件享受多种服务，购买不同的商品，也可以实现一条龙服务。这种融合创新不仅给消费者提供了便利，而且有极大可能使用户的整体消费金额得到提升。比如当我们在购车的时候同时购买了后汽车市场的服务，那么整体的金额一定是变大的。

（2）新兴业态发展壮大

借助互联网，我们可能挖掘出在十年前并不存在的新的商业模式。传统企业充分发挥创新力和生产力，让新兴业态得到发展壮大。

在新的产业结构中，一个产品从调研、设计、生产到销售，再到售后都是信息化的，企业对于生产环节各个阶段的把握都远胜于前，一方面提高了企业的整体效能，另一方面在更大范围内满足了消费者的新需求，而这种商业业态的发展将是经济发展的新趋势。

（3）为大众创业提供支持

通过互联网，初创公司和中小企业可以以相对低廉的成本获得急需的资金和资源，而这种机会在以前是不可能有的。

而更加重要的是，因为有了互联网，很多企业不再需要做铺天盖地的传统广告即可被人们所熟知，能为商家节省大笔的市场宣传和客户获取费用，而这是中小企业与创业阶段的公司最需要的。

（4）调整和升级产业经济结构

互联网为传统企业提供了新的技术支持，让传统企业能够在产业经济结构上得到调整和提升，进而找到全新的盈利模式和发展方向。

在面对改变的时候，传统企业首先应抱着开放和选择接纳的心态，跟上对企业有利的经济发展趋势，加快企业的快速转型。

学习“他山之石”，捕捉“互联网 +”新模式

传统企业与互联网的融合是需要一个过程的。传统企业需要调整的不只是自身的组织架构和经济结构，还需要从其他企业的经验教训中捕捉到“互联网 +”的新模式。

所有新鲜的事物，不经过尝试，谁都不知道结果会是什么样。其他企业的前车之鉴，可以让我们对传统企业与互联网的融合有一个粗略的概念，对于企业进行商业模式的变革是非常有利的。

一般来说，传统企业可以从以下几个方面借助“他山之石”来“攻玉”，以此捕捉“互联网 +”的新模式，从而实现全面的跨界融合：

（1）选择与本企业相似的企业进行借鉴

目前，越来越多的传统企业选择与互联网相融合的模式来改变现状，以走向全新的发展道路。他们在新的道路上所做的摸索也为其他企业提供了可以借鉴的经验。但是，并不是所有的经验和案例都对自己的企业有帮助，选择与本企业相似的企业进行借鉴是尤为重要的。

来自类似企业的经验，才能起到正确的引导作用，从而帮助本企业进行更好的创新。从类似的企业那里，我们可以学习到新的企业运营理念、产品选择、设计理念、市场推广和销售模式等。

小米公司的确做到了很多公司都不可想象的成绩，在短短五年之内就达到了市值400亿美元。不过，我们曾经看到的“全民学习小米”热潮却是一种盲目的借鉴，因为小米公司是个很特别的公司，小米的成功并不等同于小米模式的成功。如果一家传统制造业公司想要全方位模仿小米，只能把自己引入歧途。

（2）针对一些实质性的问题进行借鉴

一个企业在与互联网进行融合时，势必会出现很多问题。企业在借鉴互联网运作模式时，千万不要生搬硬套，需要充分结合本企业的特点，选择一些能够对本企业真正起到帮助的问题和案例来借鉴。

在很多时候我们并不需要亲身试错，如果能够从其他人犯的错误上直接吸取教训是最理想的。尤其是一些能够解决本企业实质性问题的经验，对于企业有很大的帮助。

不过这话说起来容易，做起来却没那么简单。很多企业家可能会这么想，“我是不一样的，别人这么做不行，我们企业是可以成功的”。人性如此，笔者见过太多这样的例子，他们还是需要自己遭遇了失败才能学到经验。

（3）选择适合本企业的经验

还有一些企业的经验比较具有实用性，但是，也不一定能够为本企业所用。因为，每个企业都有不同的特点，适合一个企业的经验未必就适合另一个企业。

选择适合本企业的经验，不仅需要企业的领导者对本企业有一个清晰的定位，对自己的优势了如指掌，也需要对要借鉴的企业有明确的认识，这样才能选择出合适的借鉴经验。在研究其他企业的同时，其实也是在寻找适合本企业发展的“互联网 +”新模式。

善于学习“他山之石”，借用其他企业的经验教训，能够让本企业更加顺畅地与互联网融合，走得更远，走得更好。

在今天，每个企业都面临着挑战与机遇，现在如何做选择，走怎样的发展路径，决定了企业以后该怎么前进，这是非常重要的。如果能够充分借鉴其他企业的经验为本企业所用，降低了试错成本，无疑会使成功的概率更高。

只是如何借鉴以及借鉴什么还需要结合本企业的具体情况，进行深入分析，这样才能学习到真正有价值的经验，才能帮助到本企业，否则只会适得其反。

挖掘自身优势，建立有自己特色的“跨界融合”

借鉴其他企业与互联网融合的经验，可以让本企业看到一条清晰的道路，为未来发展做好坚实的铺垫。但是，唯有挖掘出本企业的自身优势，才能建立具有自己特色的跨界融合，才会更适合本企业的发展，将本企业的发展推向一个新的高度。如果能够找到资源和技术层面的独特优势，企业甚至有可能构建起自己的壁垒。

对于传统企业来说，一般可以从这几个方面来挖掘自身的优势：

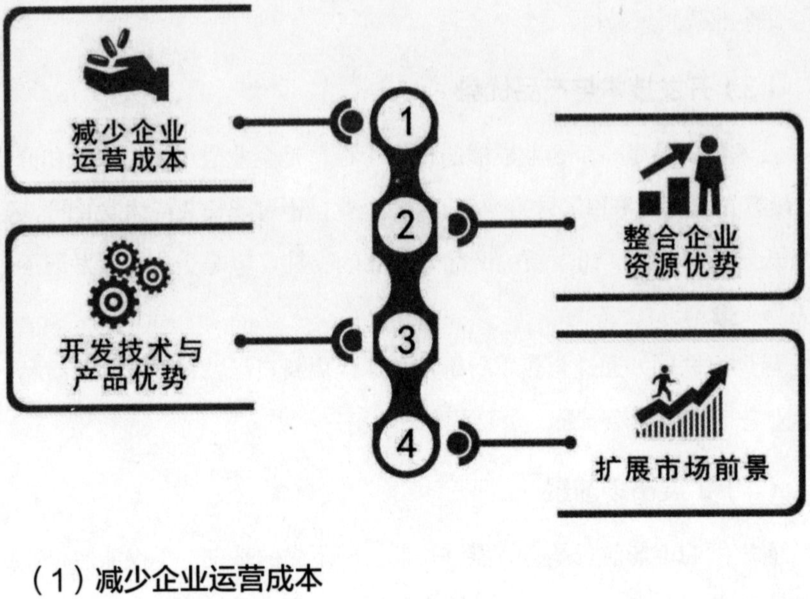

（1）减少企业运营成本

企业的利润是销售收入减去成本的差额。因此，降低企业运营的成本，就是增加企业的利润。我们结合互联网，立足自身优势，减少运营成本，当别人的利润只能做到5%的时候，如果你的利润可以达到30%，这就是你的过人之处。

互联网相关技术可以提高生产效率，改善企业管理的运行机制，保证生产与供货的及时性，降低库存量，节省生产成本。

（2）整合企业资源优势

企业资源分为人力、资本、技术、品牌形象以及人际关系等多个方面，发掘出本企业最有利或最擅长的一个方面作为重点，使之发展成为资源优势，便可提升企业的整体竞争力。

一般来说，再小再普通的企业，也会有自己独特的优势，并不需要在每个方面都要做到最好，能在一个方面有特色或者特别优秀就可以了。通过这个方面的发展可以带动企业的整体发展。深入发掘这一优势资源，并进行整合，能够使企业找到突破口。

（3）开发技术与产品优势

技术与产品是一个企业发展的核心所在，是企业最重要的资源和价值体现。没有先进的技术和优秀的产品，一个企业是不可能长久持续发展的。因此，不断开发新的技术，研发新的产品是企业的支柱，也是企业继续发展下去的动力与支撑。

借助互联网，通过企业不断研发和迭代更新自己独特的技术和产品，能让企业在市场中站稳脚跟，立于不败之地。

（4）扩展市场前景

有广阔的市场前景是企业能够长期发展下去的基础，不仅能使企业拥有持续的活力，也能为企业带来所需的收益与机会。因此，每个企业都应主动发掘自身在市场上的潜力，并把广阔的市场前景发展成为一种有利的优势。

一般来说，一家企业的主要优势就是以上列出的四项中的一项，而有些企业也许会同时拥有几个优势，这样当然会更加有利一些。对于小型企业，尤其是刚起步的企业来说，或许还不能同时拥有这么多方面的优势，但是，通过对本企业的认真研究，找出一个或多个优势点还是有可能的。我们利用这一个优势，依然可以建立具有自己特色的跨界融合。

具有自己特色的跨界融合必然包含本企业最突出的优势。试问在本行业已经谈不上有任何优势的企业如何能够在跨界之后做出自己的优势呢？只有在一个方面做到极致，才有能力去“跨界”发展，所以，发掘企业自身的优势非常关键。

一个企业的成功往往是不可复制的。因为每个企业的特点不同，优势也不同，只知道借鉴他人经验，而不懂发掘自身的优势，注定只能发展一时，不能长久。

扩展边界，找到属于自己的“边缘地带”

企业的发展是多方面的，在发展主力业务的同时，也应努力扩展边界，找到企业本身可以跨入的“边缘地带”。向“边缘地带”发展可以为企业注入新的活力，从多方面支持企业的发展，避免企业因某一方面的操作失误而陷入发展瓶颈的局面。

目前我们看到最成功的“互联网 +”模式往往是跨界的。那么在“跨界”中的这个“界”是什么呢？

每个企业都在努力寻求属于自己的边缘地带。如果我们认为整个企业是一个系统，那么，边缘就是指系统与外部交界的部分。边缘地带与系统的其他部分相比有两个特点：一是在位置上离系统的核心较远，二是受系统内部的控制较小，受外部的影响较大。

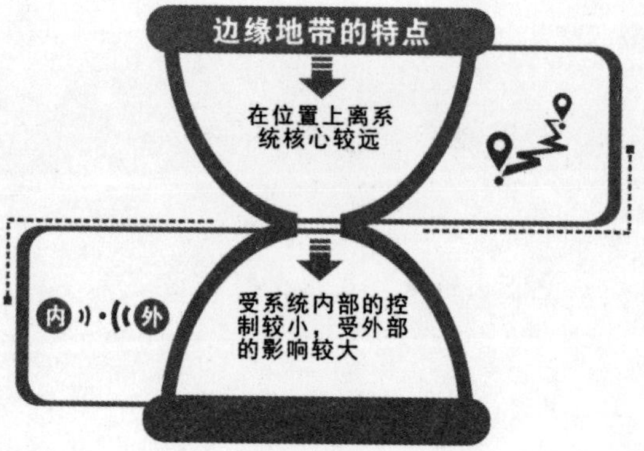

从这两个特点上，我们可以看出，当企业努力寻求属于自己的边缘地带时，其实是在寻求能够与外界相连的一个切点。找到这个切点之后，企业就可以与外界取得紧密的联系，发现外界的发展趋势，适时调整系统的操作方向，在保证企业的正常运营下，及时适应外界的变化。

边缘地带由于距离企业的核心较远，受企业本身的影响不大，在外界的发展趋势下，是容易产生生机的地方。在城市生活中亦是如此，现在城市的郊区变成了人们最喜欢居住的地方，郊区不仅交通便利，环境也要比市区好得多，同时郊区离市区繁华的生活又不是那么远。因此，城乡结合的郊区作为一个边缘地带逐渐兴起。

社会在不停地变化，企业的发展也势必会发生变化，如何扩展边界，找到属于企业自己的边缘地带显得尤为迫切。就像城市的郊区一样，企业都希望有朝一日自己的边缘地带能够成为“城市的郊区”，最终变成人们最喜欢的边缘地带。

那么，企业该如何扩展边界，找到属于自己的边缘地带呢？在互联网时代，通过互联网来扩展企业的边界，是传统企业与互联网相融合的最好的方式之一。传统企业要扩展自己的边界，可以通过线上与线下两个渠道来实现。

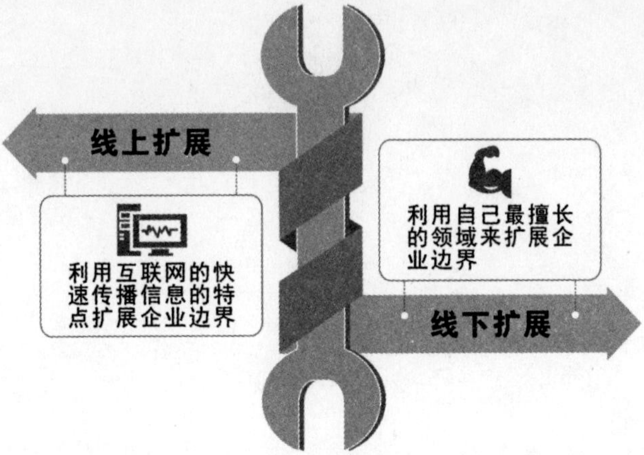

在线上，传统企业利用互联网快速传播信息的特点来为自己扩展更多的发展空间，发现更多未知的领域，并从中找到属于自己的边缘地带。在互联网上，能够学习与接触到的各方面资源都非常丰富，这为企业扩展边界提供了优质的资源基础。只有扩展了边界，才有可能找到属于企业自己的边缘地带。

在线下扩展边界是指传统企业依然可以利用自己最擅长的领域，来扩展自己的边界。线下的商业环境和发展规律对传统企业来说，是非常熟悉的，企业可以用新的思维方式，在线下找到原本不属于自己的领域，来实现边界扩展，找到属于自己的边缘地带。

企业为了生存和发展，需要持续不断地扩展边界，寻求属于自己的边缘地带，这已经不是让企业锦上添花的一个层面，而是随着互联网时代的不断深入，寻找自己的边缘地带已经上升为传统企业的生存需求。

自我质疑，找到突破性的创新点

管理大师彼得·德鲁克曾经说过："最重要、最艰难的工作，从来不是找到对的答案，而是问出正确的问题。因为世界上最无用，甚至是最危险的情况，就是虽然答对了，但是一开始就问错了。"

彼得·德鲁克的这句话说的是自我质疑的重要性。在企业的日常运营中，如何提出正确的问题比回答对一个问题要更加重要。

在企业不断发展的过程中，学会提出自我质疑，是为了对企业今后的发展负责，能够更好地帮助企业看清局势、实现转型以及持续发展。市场在不断地变化，制订的计划也只能在一定的时间内引导企业的发展，谁也无法预测未来。在今天，企业做战略规划还是有必要的，不过随着市场竞争环境的演变，长期的运营和产品计划还是需要时时进行调整的。

勇于提出自我质疑是企业发展历程中一种特有的存在方式。只有提出正确的问题，才能找到突破口和创新点，让企业健康、全面地发展。一般来说，企业可以从以下几个方面来提出质疑，找出创新点：

（1）客户真正的需求是什么

互联网最大的特点之一就是突出用户体验，一切以用户为中心。对于企业来说，客户是企业发展的核心，是需要特别去维护的群体。只有了解客户真正的需求是什么，才能不断创造新的产品，留住老客户，并吸引更多新客户。

客户的需求是在不断变化的，但他们真正的需求是什么？这个问题的答案是企业迫切需要知道的，它对维护客户以及企业的发展都有很大帮助。这就要求企业需要经常自我质疑，并不断地去改进产品。完美地解决这个问题也就解决了企业的产品问题、市场问题、销售问题，并能确定企业今后的发展方向。

（2）质疑固有的发展方向

市场在不断地变化着，企业的发展方向只有随着市场的变化而适时调整，才能不被市场所淘汰。而当市场环境发生变化的时候，我们要敢于质疑企业的发展方向。

质疑企业固有的发展方向，并不是说需要经常改变发展方向，而是要求我们在企业既定的发展方向上做调整，其目的是为了顺应市场的变化，迎合消费者的需求。在互联网时代，如果还抱着固有的商业模式来经营企业，其结果必然只有失败。

质疑是为了找到企业发展的突破点，通过创新才能使企业发展得更快更好，走得更远。敢于质疑的企业会时刻有危机感，同时能够在危机中找到机会，只有这样的企业才会走得更远。

（3）如何用最少的成本做出最优秀的产品

在美国，很多好的产品都是在车库里产生的，最出名的案例当属苹果。并不是说我们必须要“在车库里做产品”，而是说我们要向当年的乔布斯学习，用尽量少的成本做出最优秀的产品。

用最少的成本做出最优秀的产品应该是企业永恒的追求。通过不断地质疑，将产品做到最好，成本最低，就是质疑的目的。解答了种种质疑，就能为企业的发展提供广阔的空间。

自我质疑，找到企业突破性的创新点，对于与互联网的融合和跨界融合都有一定的帮助。用最好的产品或服务与互联网相结合，企业才能更受消费者的欢迎，也才有能力去真正地实现跨界融合。

②BAT的“互联网+”生态系统

今天的互联网涉及的范围极为广泛，任何一家公司单打独斗肯定是不行的，更需要融入“互联网＋”生态圈。BAT，也就是百度（Baidu）、阿里巴巴（Alibaba）和腾讯（Tencent），作为中国互联网的三大巨头，对“互联网＋”各有不同的诠释和行动。

当我们在讨论“互联网＋”的概念时，不得不首先从他们说起。互联网三大巨头的侧重点各不相同，各有各的优势，谁也无法将另一方完全打败或取代。任何一家互联网公司所拥有的资源、所具备的条件和服务能力始终是有限的。由此可见，一家机构无法满足所有人的服务需求。

百度：投资前沿技术，关注服务

从互联网发展之初到现在，出现过无数的搜索引擎，但出于种种原因，其中的大多数已经离开了历史舞台。

我们大家都很熟悉百度，特别是当谷歌退出大众的视线之后。百度搜索引擎上涵盖的内容多种多样，人们关注的所有事情，几乎都能在百度上找到。当我们需要查阅资料或了解最新的信息时，总会第一时间打开百度进行搜索。因此，“百度”也转换成了一个动词，成为“搜索”的代名词。一有什么不太明白的问题时，总会想要去“百度”一下。

比起互联网三巨头的另外两家，阿里巴巴和腾讯，百度相对低调一些，李彦宏更加在意打造自身产品在技术上的含金量，如各种百度垂直搜索、百度地图和手机百度等，无一不体现出百度对技术的重视程度。

在李彦宏的带领下，百度一直在对技术做持续的投入。在 2014 年，百度在技术的研发上的投入达到了 70 多亿元。

同时，百度也时刻在寻找下一个风口，投资前沿技术，关注生活服务。在最近两年，百度全面涉足人工智能、人机交互、深度学习、无人汽车、车联网和图像识别等前沿领域。百度不仅愿意对技术做投资，对于人才的投资也同样不遗余力，为此还专门成立了硅谷研究院，引进美国的高新技术人才。

在不久前，百度全资收购了团购网站糯米网，大力推广百度外卖。我们认为百度投资糯米的重点就在于看好本地生活服务的巨大市场前景，算是百度在“互联网 +”上的布局。

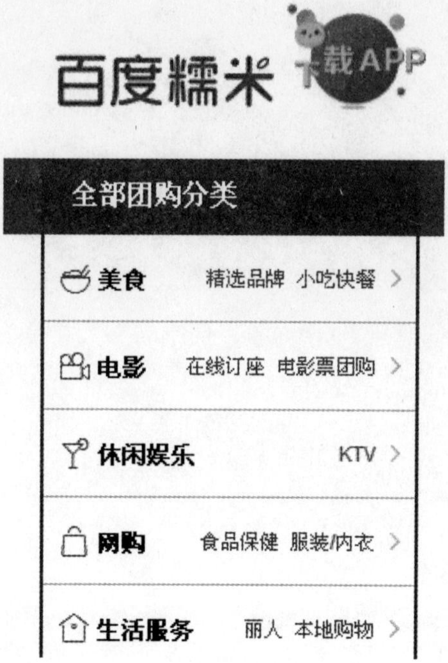

迅速整合传统企业优势资源是百度在“互联网 +”生态圈布局上的重要表现。百度会试图提供能一一满足大家日常生活所需的各种服务。

对于百度来说，每一个 APP 都是一个超级入口，能够把人与服务紧密连接起来，随时给消费者提供买电影票、订餐、阅读等服务。 百度一直在关注什么样的服务是广大消费者所希望看到的，他们力求提供最基础的，同样也是消费者最需要的服务。

腾讯：投资城市发展，关注政务

腾讯的 QQ 和微信，是中国网民使用频率最高的两款 APP 应用。因此，拥有众多用户支持的腾讯公司，在率先进入“互联网 +”的竞赛中，有着得天独厚的用户基数的优势。

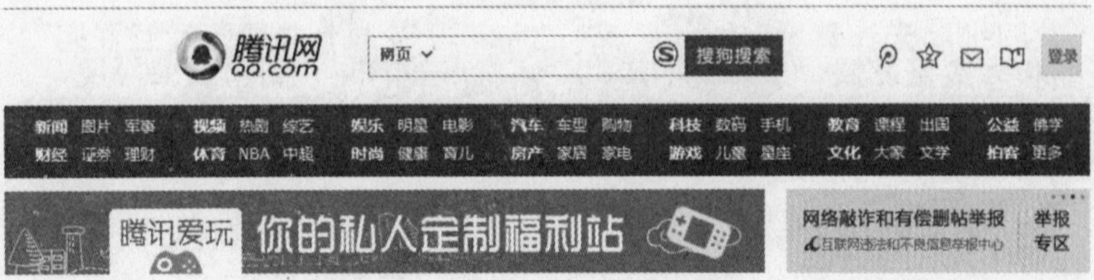

腾讯在社交、游戏和文化娱乐等领域有明显优势，并借此加大对于新业务的投入，尤其是在城市发展这方面，腾讯显得很用心。

腾讯在“互联网 +”战略中侧重的是城市发展和政务服务。2014 年，腾讯与海南省政府在国际旅游岛和信息智能岛建设上达成了战略合作协议，并与海南省政府共同打造全省一体化的微信智慧城市公共服务平台——“智慧海南”，把医疗、社保、交通出行、交警、户政、出入境、旅游等多种政府事务类型的服务引到互联网上。

腾讯还与河南省政府就“互联网 +”达成战略合作框架协议，河南省各政府机构的政务微信公众账号，都将统一整合入微信“城市服务”入口。此外，广州、深圳、佛山、武汉等城市都已经接入该“城市服务”入口。

腾讯也与上海进行了战略合作，共建“互联网＋”智慧城市。上海市政府表示支持腾讯旗下的业务在沪的进一步发展，包括泛娱乐、微信、QQ、网络媒体（大申网）、众创平台等项目。

腾讯选择与上海进行合作共有以下几个方面的目的：

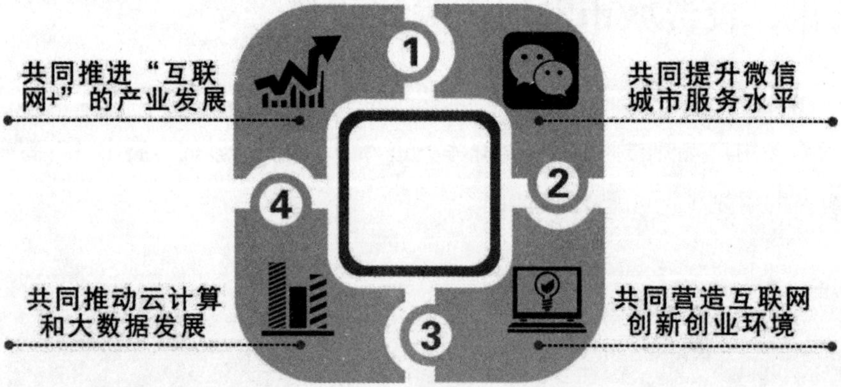

（1）共同推进“互联网＋”的产业发展

在“互联网＋”的浪潮中，腾讯选择与上海这个智慧城市的先行者进行合作，主要依托上海市相关产业基础和政策资源，双方将围绕金融、医疗、文化、智能汽车等领域进行深入合作，推动传统企业与互联网的紧密融合，共同推进“互联网＋”的产业发展。

（2）共同提升微信城市服务水平

腾讯旗下的微信已经成为上海市政府在政务上使用的一个工具，政府有专门的微信公众号用来与民众进行交流。

（3）共同营造互联网创新创业环境

腾讯利用其在互联网上的丰富资源，引导优秀的互联网创业项目入驻上海，旨在营造一个互联网创新创业环境，帮助上海打造升级版众创平台，从而将这些创业项目建成全国互联网创业标杆项目，这对于后续的创业项目都有很好的引领作用。

（4）共同推动云计算和大数据发展

腾讯这次与上海市政府的合作的一个重要目的在于鼓励上海市政府及企事业单位应用腾讯的云计算和大数据服务。并在社会信用体系建设等领域探索大数据技术的应用实践，真正将互联网的领先技术应用在现实生活中。

与城市发展相结合可以算是腾讯在“互联网＋”上的重要战略之一。

腾讯利用其最擅长的社交领域，通过投资不同城市的发展，使相关政府机构采用微信公众号处理政务，这样不仅使政府在处理工作时变得更加便捷，也能够进一步拉近政府与民众的距离，将互联网与现实生活融为一体，真正实现“互联网＋”的战略意义。

阿里巴巴：投资传统行业，打造大生态圈

2014 年 9 月 19 日，阿里巴巴集团在纽约证券交易所上市，一举成为中国最值钱的互联网公司。

与此同时，阿里巴巴开始大规模投资传统企业，意在打造一个以电子商务为基础的庞大商业生态系统，在该系统中囊括了旅游、金融、房、车、教育和医疗健康等多个传统领域。阿里巴巴努力想要提供一个一体化的生态系统，满足大众的所有基本生活需求。

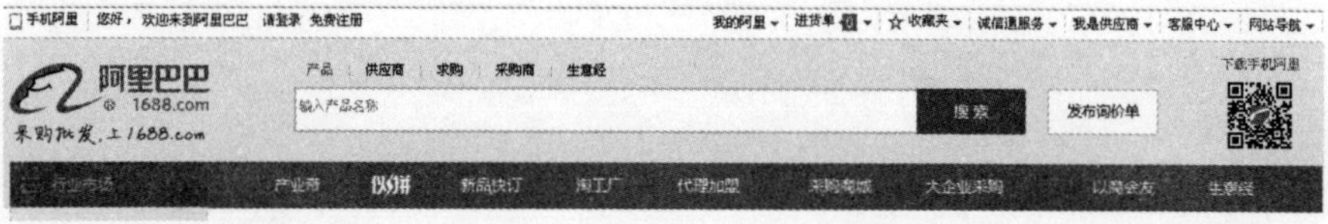

显然，在社交方面，阿里做不过腾讯；在流量入口方面，阿里不如百度。阿里巴巴的强项就是电商，而从它的发展来看，阿里巴巴也主要围绕自成一体的“大阿里”生态系统，不断向内深化、向外拓展，并通过自有业务与资本手段，逐渐向多元化发展。

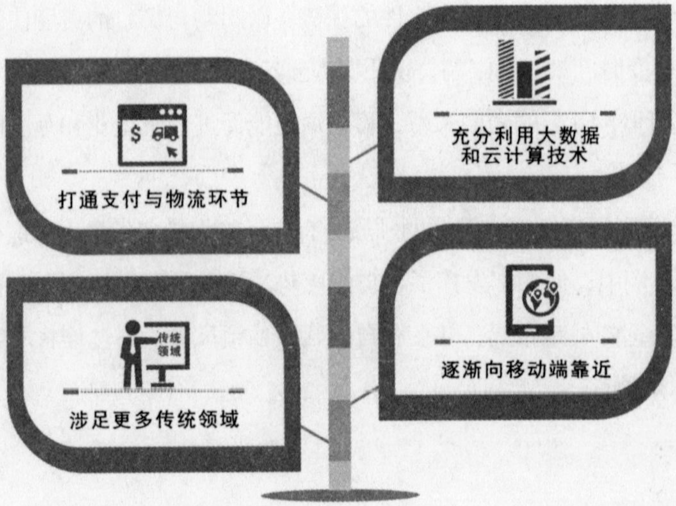

阿里巴巴在电商平台上积累了大量的用户和历史交易数据，并打通了金融支付和物流环节。在过去多年的发展中，阿里巴巴形成的一个成功的商业模式是 B2BC，通过撬动 B 端来激活 C 端，最终实现了从企业级服务向获取流量入口方向进化。

在“互联网 +”时代，阿里巴巴会在金融与物流两个环节进行更有深度的挖掘，并将其各自独立成具备战略性意义的节点，将电商与线下传统行业进行深入融合。

不仅如此，阿里巴巴会进一步采用大数据与云计算技术，充分利用其积累的海量用户行为数据和交易信息，丰富他们对用户的认知。

阿里巴巴还将涉足旅游、健康、数字娱乐等传统领域，其中的阿里健康和阿里影业已在市场上产生了一定的影响，而这也是“大阿里”战略的重心之一。阿里巴巴通过对于传统行业的各种投资和并购，构建了一个以其为核心的庞大生态圈。

不过，在移动互联网领域，阿里要面对来自腾讯和百度的严峻挑战。在各种移动应用层出不穷的今天，谁占据了移动端，谁有最多的用户，谁就将会在这场终端争夺战中获得决定性的优势。以团购为例，消费者使用手机购买优惠券不受时间地点的限制，使用概率显然会比使用电脑高得多。

从“互联网+”的角度来看，移动端更能促进传统企业和互联网的深度融合。

BAT 互联网三巨头在互联网领域各有自己的优势和劣势，在这次“互联网+”的浪潮中，他们都发挥了各自的优势，投入了巨大的资金和精力，做了深度而长远的战略布局，并在各自的领域独领风骚，不过谁将取得最后的胜利还难以预料。

第三章 用互联网解决刚性需求

许多企业对于互联网的应用，仅仅是把它作为一种噱头，只为博得一时关注，而这，是无法真正创造价值的。“互联网+”的创新一定要始终立足于用户需求，致力于用户体验，不断推出好的产品和服务，解决消费者的刚性需求，这才是“互联网+”真正的意义所在。

企业存在的目的就是赢利，不是赔钱。如果我们做创新的目的不是为了赚钱，而仅仅是扣上一个“互联网”的帽子，那么这是没有意义的。

其实在很多时候，我们需要做的就是找到满足用户刚性需求的一个点。

1. 传统行业如何解决刚性需求

在社会发展如此之快的今天，传统行业如何生存与发展，如何解决消费者的刚性需求变得越发重要。

对于一家在传统行业中取得了一定成功的企业来说，其过往的成就是一种资本，更是一种限制。过去的辉煌容易使企业沉溺于既定的成功模式中，而忽略了新的技术带给现实生活的变化，更加会忽略消费者快速变化的需求，从而在互联网时代的竞争浪潮中落于下风，最终被先行者和拥抱变化者所抛弃。

用户的需求非常广泛，在餐饮、美容、教育、旅游等领域都有其刚性需求。如何通过自己的产品和服务来充分满足用户，是一家传统企业能够再一次崛起的机会。

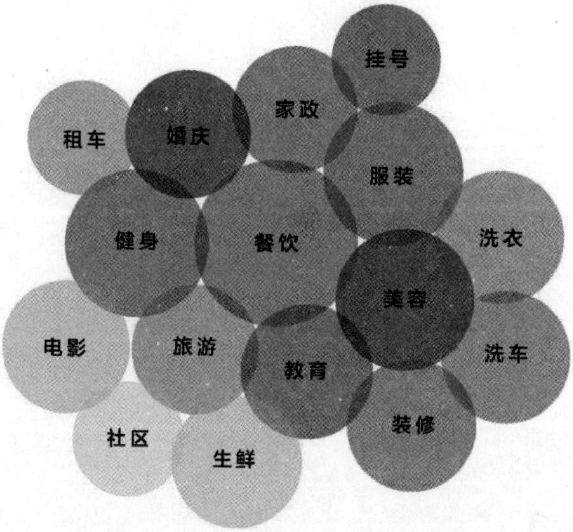

管理大师彼得·德鲁克说过，“做对的事情而不是把事情做对（Do right things or do things right）。”优秀的传统企业往往能把事情做对，但可惜的是他们做的事情本身并不对。笔者在过去的咨询中接触过非常多的传统企业，很多传统公司的执行力是很强的，不过可惜的是，做得越好，离想要达到的目标就越远。

针对传统行业的特点，要解决其客户的刚性需求，我们需要从下面这几个方面考虑：

（1）利用互联网技术来改造产品

一家传统企业之所以会出现发展瓶颈，越来越无法得到人们的认可，是因为它的产品或者服务一直止步不前，或者并不能满足用户的真实需求。如此下去，企业最初可能有的优势也会被市场经济的浪潮所湮灭，将很难在市场竞争中生存下去。

要满足消费者的刚性需求，传统企业的产品与服务就要跟上时代的脚步才行。

而在互联网时代，传统行业需要运用互联网思维，打造全新的产品来迎合消费者的刚性需求。利用互联网技术改造产品成为传统行业的必要任务，这也是解决传统行业满足消费者刚性需求的一种有效方式。

（2）抓住消费者的期盼

所谓刚性需求，就是消费者必须要得到满足的一种需求，也就是消费者的期盼。消费者期望得到什么，我们的产品和服务就应当给予什么。抓住了消费者的期盼，必然能够解决消费者的刚性需求。

而抓住消费者的期盼，就需要传统行业首先要了解市场行情，掌握消费者最基本的需求，然后才能推导出消费者的期盼，才能进一步去满足消费者的这种期盼，从而解决消费者的刚性需求。

在很多场景下，我们可以把“期盼”这个词替换成为“痛点”。找到用户的痛点，并做出能够针对这些痛点的产品和服务，就是我们需要做的。

（3）增强用户体验

在互联网时代，人们的需求也在逐渐发生变化，消费者需要的不仅仅是产品或服务本身，更是产品式服务对其自身感官体验的满足。因此，企业可以邀请用户参与到产品的设计、制作与销售中来，让用户近距离了解产品和服务。这不仅能够增强用户对产品的信心，也同时能够增强用户体验，使用户的心理需求得到满足。需求来自于终端客户，这样设计出来的产品和服务也必然能够满足消费者的刚性需求。

综上所述，传统行业要解决消费者的刚性需求，就要满足他们对产品与服务的需求与期盼。但是，如何充分把握消费者的需求，就不是一件容易的事情，而且不同的消费者的需求也各不相同。

我们可以通过利用互联网的方式，来找到一个突破口。例如，对于某一家企业，新的 O2O 服务有可能会满足用户的一个刚性需求。我们就可以建造一个完整的服务体系，让消费者从线上到线下都可享受到来自商家的服务，为消费者营造一种和谐的服务环境。以产品为主导，服务为辅助，来满足消费者的需求，也就能够为传统行业带来互联网时代的价值。

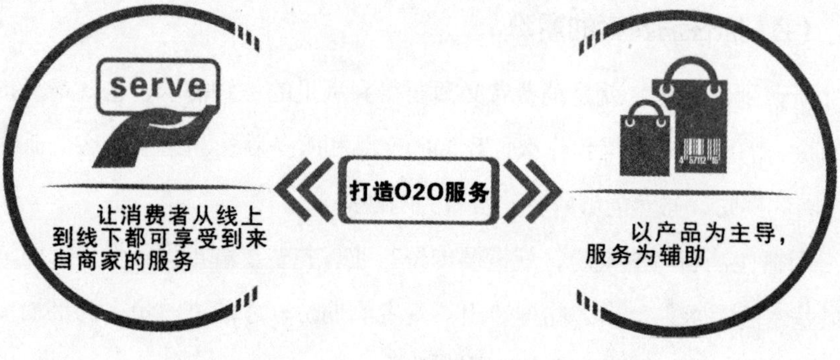

在信息高速发展的时代，互联网的普及已经是一个事实。要解决消费者对传统企业的刚性需求，就需要通过互联网这座桥梁，跨越消费者与传统行业之间的鸿沟。另外，也可以将传统行业的产品重新打造成适合互联网时代发展规律的一个全新产品，来满足消费者的刚性需求。

从 2013 年开始，移动互联的高速发展使互联网的格局发生了非常大的变化。我们来看下面这张图。

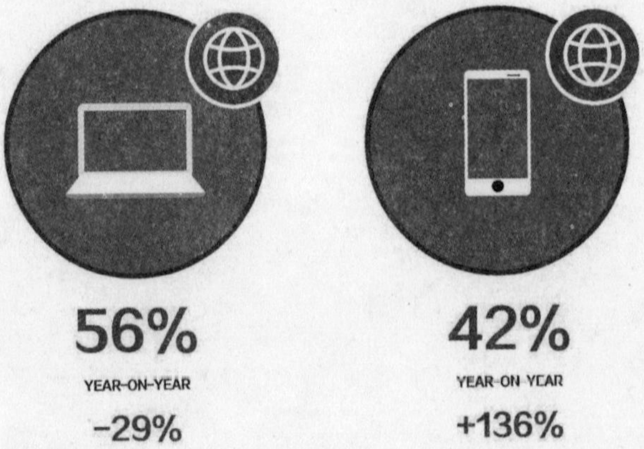

StatCounter 2015 年 8 月的数据显示，通过桌面电脑和笔记本查看网页的比例是 56%，和前一年相比下降了 29%。而作为对比，通过移动端访问网页的比例占到了 42%，和前一年相比上升了 136%。

在移动互联逐步占据我们使用互联网时长的时候，满足用户的刚性需求有可能变得非常简单，也许就只是做一个移动互联版本的产品，就可以通过移动端来满足用户的某个需求。

② “互联网+”如何解决刚性需求

“互联网 +”作为一种新型的商业模式，如何解决消费者的刚性需求，是其亟需解决的问题。这就要求“互联网 +”不能只是停留在概念层面上，而是必须为企业和消费者带来实质的转变和贡献，如此才能发挥“互联网 +”的真正价值。

我们通过两个案例来看“互联网 +”是如何解决用户的刚性需求的。

互联网+家电服务：家电管家

服务业在我们生活中占据着越来越重要的位置，人们在满足了吃穿住行等基本需求之外，首当其冲的刚性需求就是服务。

“互联网+”要如何通过互联网与服务业的结合，来满足消费者的需求呢？家电管家给出了一个答案。

现在每个家庭都有各种类型的家电，那么家电的维护显然就是刚性需求。比如：手机屏幕摔坏了；手机以旧换新；夏天空调突然不能制冷了；电视突然没有信号了；热水器突然不能提供热水了；电脑突然死机了，这些问题都是需要得到及时解决的。

解决这些问题的传统方式是通过门缝里塞进来的小卡片上的电话号码来预约服务。这种卡片一是信息不全面，二是提供的服务质量得不到保障。

家电管家就是基于家电服务的刚性需求而出现的一家 O2O 公司。他们的定位是为千万个中国家庭构筑健康的生活环境，以手机上门维修为业务切入口，再延伸到家电的延保以及家电的清洗、保养、保洁、保湿和抑菌等服务。服务范围囊括了冰箱、洗衣机及抽油烟机等小家电。家电管家以灵活的经营模式和优质的产品、贴心的服务赢得了国内众多终端客户的认可，同时也赢得了全国各地服务商的一路追随。

家电管家获取用户最主要的渠道来自于互联网，加上其独创的上门服务和全国各地维修网点销售的商业模式，实现线上与线下的无缝连接。家电管家线上预订，线下享受服务的模式，受到了很多消费者，尤其是足不出户的宅男宅女们的欢迎。

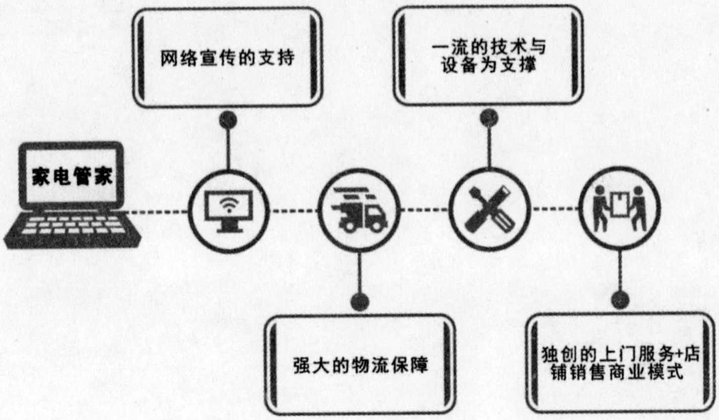

这种“互联网 +”的模式，使消费者能够迅速认同家电管家这一品牌。

家电管家充分利用了“互联网+”的模式，将互联网和服务业进行融合，使服务业从线上进入到线下，甚至是消费者的家中，拉近了商家与消费者的距离。通过这种融合方式，“互联网+”解决了消费者对于各类服务的刚性需求，这是改善人们生活体验的一种良好发展趋势。

在未来，随着互联网技术的不断增强，人们对互联网的依赖将会越来越多，各种传统行业都会慢慢地向互联网靠近，让“互联网 +”完全体现在人们生活的各个方面。这样，不仅能在最大程度上满足消费者的刚性需求，也能使互联网与传统行业互相辅助，走向一个新的发展方向。

服务业将会是中国未来最大的产业。随着人们消费意识的提高，对服务水平和服务效率的要求也会越来越高。今天，如果服务业不与互联网进行主动融合，将难以满足消费者日益变化的需求，服务业的发展道路也将举步维艰。

在家电管家的 O2O 模式中，互联网与服务业的优势被充分地发挥出来，真正解决了用户的刚性需求，得到了消费者的认可。目前，互联网与服务业的结合尚处于初始发展阶段，伴随着消费者的认可，未来还将会出现更多“互联网 +”形式的其他服务，这也将促成整个服务业不断升级，更好地满足消费者的各类服务需求。

互联网 + 服装：时尚夫人衣橱

“时尚夫人衣橱”是互联网与服装业融合的产物，它采用的是一种完全不同于传统电商的经营模式。在互联网上我们可以搜索到各式各样的衣橱管理软件和 APP，那“时尚夫人衣橱”有什么不一样呢？

在我们看来，网上的各种衣橱管理软件和 APP，其目的无非就是为了给你推送一件女装或者一双靴子，可以说都是“大淘宝”的延伸，其最终的落脚点是在某一家网店。

而“时尚夫人衣橱”做的是一个以追求高品质、高效率生活的家庭女主人为主要服务对象的高端衣橱管理的 O2O 项目。在线上通过 APP 和网站，做电子衣橱管理分类、电子衣橱和服饰风格定位、搭配；在线下做衣橱管理体验店和服饰相关的沙龙活动，主旨是为了让中国的女性与时尚更加靠近。

“时尚夫人衣橱”为消费者提供的是服装搭配师、服装整理师和摄影师上门整理衣橱并出具着装解决方案的服务，同时还提供二手服饰交易平台和设计师工作室对接平台。客户目前定位于中等收入以上的家庭，而未来会借助高端客户的影响力做辐射式宣传，再扩大客户群。目标是成为中国高端家庭

形象定位及着装搭配的风向标。

衣橱管理植根于线下，在线上活跃起来，然后再从线上向线下实体店发展，完成一个循环，这是“互联网+”的一种运营模式。这样的转变，从一定程度上能解决中国服装业“线上火爆，线下苦恼”的现状，让线上和线下得到共同的发展。

我们认为，在“互联网+”的背景下，服装业要完成与互联网的融合，可以从以下几个方面进行：

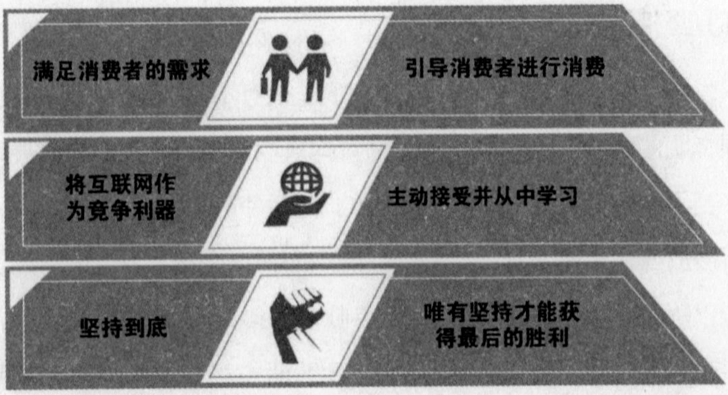

（1）满足消费者的需求

商业最基本也是最重要的法则就是不断地满足消费者的需求。企业也只有满足消费者的需求，才能打开市场，创造利润空间。

我们坚信，三流的企业跟随消费者的需求，二流的企业迎合消费者的需求，一流的企业引导消费者的需求。

在满足消费者的需求时，商家应该考虑，是被动迎合消费者的需求还是主动引导消费者进行消费。在快速消费时代，商家要想紧跟市场发展步伐，不仅需要迎合消费者的需求，更要引导消费者进行消费，这样才能取得主动权，占据市场主导地位，不被市场所淘汰。最近几年迅速占领女性时尚市场的 ZARA，采用的快速时尚（Fast Fashion）理念就是一个典型的例子。

（2）将互联网思维作为竞争利器

利用互联网的优势，将传统服装业的模式进行改造升级，不能只是采用了新模式，却依然使用旧思维。思维对我们的行为具有导向作用，思维的转变对企业的发展来说至关重要，它常常比找到一条正确的发展道路更加重要。

对于“互联网 +”所催生的新兴业态，企业应转变自己的思维，主动接受并从中学习，并将经验拿来使服装业发展得更快更好，而不是仅在表面上与互联网进行合作，实际上却在理念、思维上抱着抗拒的态度。

（3）坚持到底

做什么事情都需要坚持，商业更是如此，只有不动摇地坚持走自己的道路，才能看到黎明的曙光。“互联网+”是新鲜事物，新事物在最初发展时总是比较弱小甚至不被看好的。对于刚刚出现的“互联网+”，即使开始时发展得不好，也不应放弃，要坚信其前景是美好的。而在这个讯息万变的市场上，企业唯有坚持正确的方向才能获得最后的胜利。

传统行业要想取得长足发展，就必须看清市场发展的规律，并积极跟上市场发展的脚步。在互联网时代，传统行业需要看清局势，利用互联网这个平台进行发展、转型、升级。当然，互联网在不断发展的过程中也需要依靠传统行业来将自己打造成具有实质意义的平台，其空缺还需要传统行业来填补。

因此，“互联网+”是一种市场发展的趋势，是使互联网与传统行业相互扶持，互相进步的桥梁，具有划时代的意义。不仅是服装行业要积极地同互联网相融合，其他行业也要抓住机会转型，这样才能突破发展瓶颈，获得更广阔的发展前景。

第四章 互联网时代的管理变革

管理是企业最为根本的内控力，在“互联网 +”带来的思维变革下，企业的管理也需要做相应的变革。无论是新创企业还是传统企业，都需要遵循互联网时代的特征，适当调整和制定新的管理模式。

1. 互联网时代，管理模式特征

互联网为企业经营和管理提供了新的选择，企业不应该抗拒变化，应该积极地去适应变化。

我们一起来看在互联网时代有哪些新的管理模式变化。

企业边界的模糊

企业边界逐渐消失是一个明显的变化。企业在使用互联网时，企业的安全边界、规模边界、组织边界和能力边界都会发生变化。

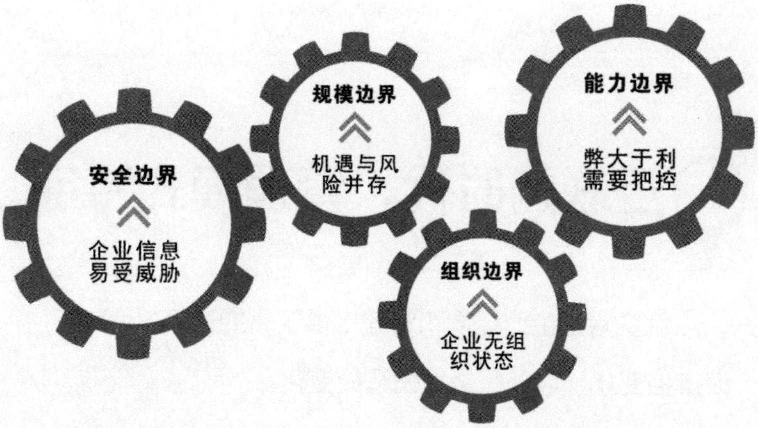

（1）安全边界

互联网在企业内部迅速普及，但同时也让企业内部的很多数据与信息的安全和隐私都受到了威胁。互联网的开放性，使得企业的安全边界受到威胁，企业的网络有可能遭到黑客或者竞争对手的攻击，内部信息有可能遭到窃取或者破坏，导致机密被外泄。

如果互联网安全管理做得不够好，企业的安全边界会如同虚设，外界可以轻松获取企业内部的信息甚至绝密资料，对企业的危害是非常之大的。这种边界的变化需要企业不断地加强信息安全管理。只有保证企业的数据安全不受侵害，企业才能在变化中获得新发展。

不过从另一方面讲，如果企业对于安全性的把控过于严格，也会对内部系统的可用性和易用性造成很大的影响。一个国内大公司的朋友曾经说过，“我们公司的系统从外网登录，得花十分钟的时间。连上了之后也是奇慢无比，根本没法用。”这就是对安全边界把控得过于严格的结果。

（2）规模边界

互联网的开放性与广阔性使得企业的规模边界逐渐模糊化。从某种角度来说，企业规模的潜力逐渐趋于无穷大。这对企业来说，喜忧参半。

一方面，由于规模边界的消失，企业发展的各个方面都出现了更多的机会，可以借助互联网的力量涉足原本没有机会介入的领域。而另一方面，企业规模的扩大也将意味着不确定因素大大增加。

在新的环境下，企业不可因噎废食，当然也不可掉以轻心。既要抓住机遇努力发展，使企业上升到新台阶，同时也要有忧患意识，把控企业发展进程，并积极地做好风险防范，以避免出现不必要的损失。

（3）组织边界

在“互联网+”的影响下，企业的组织边界也在逐渐模糊，因为很多职责都不是单一部门可以完成的。

举个简单的例子，因为互联网使得信息透明化和实时化，客户服务不再是客服中心一个部门的事情，几乎公司的每一个人都会介入到服务流程中。这种情况对企业来说是前所未见的。企业需要加强不同组织间的联系和配合，但对于不同组织的职权、职责、职能，仍要有明确的界定。

（4）能力边界

互联网的功能赋予了企业更强大的运作能力。我们需要不同类型的能力来用好互联网，为企业服务。换句话说，企业的能力边界也发生了变化。

这种状况对于企业来说，也是有利有弊的。

一方面，互联网增强了企业的运行效率，增加了企业的收益。可是另外一个方面来说，企业当下需要的能力和之前企业内部员工的能力两者之间是不匹配的，如果没有充分意识到这一点，会让企业错误地估计自己，从而做出失误的判断。

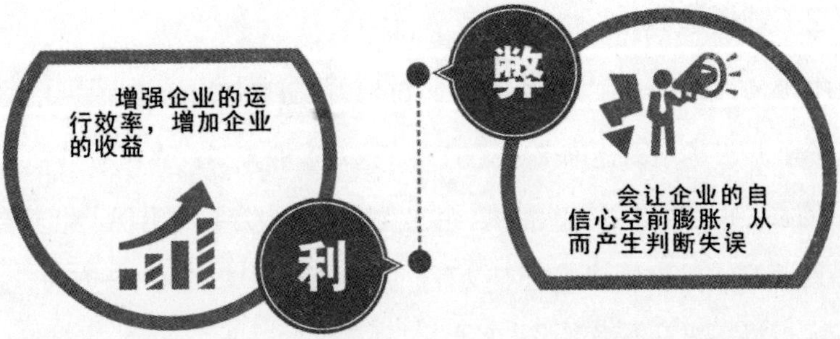

以上这些就是企业在“互联网+”的影响下容易模糊，甚至消失的边界。总体来看，对于企业，既是危险，同时也是机会，这才是“危机”的含义 。

在互联网时代，即使是再传统的企业也无法完全抛开互联网，至少在某一个领域或者部门会需要借助互联网的力量。然而，随着企业对互联网的依赖加深，互联网对企业所造成的影响也就越深。

企业在利用互联网的优势变得更加强大的同时，对于互联网所带来的影响，也要有一个清晰的了解。既要发挥互联网的优势为企业所用，又要避免由于边界模糊对企业造成不利影响。

组织结构扁平化

如果一家企业要完成互联网转型，首先就要走“群众路线”。因为企业需要鼓动内部所有成员的积极性和主观能动性，如果企业还是采用传统的层层汇报的管理架构，那么来自第一线的声音怎能传达到领导层？即使传达到领导层，信息也是会被不断地打折，最后得到的信息将失去本来的面目。

设想一下，如果一个商业机会需要跟七八个不同层级的领导作汇报才能决策，哪里还会有时效性可言？机会早就消失不见了。特别是在有些企业，只有董事长才有决断权，等他在三个月之后抽出时间来看一个需要决策的事情时，这件事儿本身都已经没有意义了。

大型团队易滋生官僚主义和内部政治复杂性，导致团队无法发挥出最好的状态。下面这张图来自于 http://www.bonkersworld.net/organizational-charts/，说的就是大公司组织架构的问题。

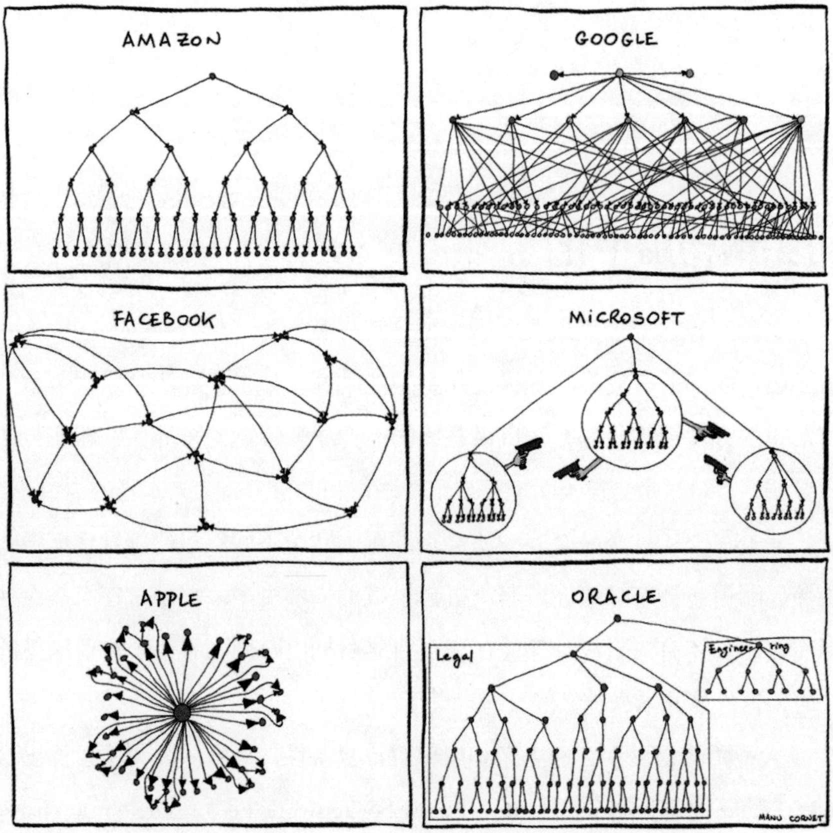

图中所指出的各家公司的问题貌似过于极端了，不过这张图是以略微夸张的方式点出了在各家公司组织结构上的问题。

于是，在互联网时代下，为了改变这种状况，寻求最利于企业发展的组织结构，很多企业就开始施行组织结构的扁平化。

所谓组织结构扁平化是指通过减少行政管理层次，提高决策效率，裁减掉冗余人员，建立起的一种紧凑、干练的扁平化组织结构。

通常来说，一个过于庞大的团体，往往灵活性太差，面对突如其来的变化，很难快速适应。所谓“大象不会跳舞”说的也就是这个概念。大型团队往往结构相对臃肿，在碰到变化时，很难统一思想。而且由于人数过多，会导致每个团队成员的参与感弱化，每个人都有较强的依赖性，会比单独一个人工作时付出的努力要少。

在互联网快速运转的今天，每天需要面对的是越来越复杂且极具不确定因素的状况,大团队和内部复杂的结构使得企业无法及时调整状态迎接新变化。

组织结构的扁平化最主要的目的就是能够使信息传递的速度加快，让决策更有效率。同时，企业内部的分权也将得到更好的实施，让每个管理者都有更大的自主权以便及时做出决策。企业组织结构扁平化的一个额外好处是通过裁减掉一些冗余人员节省了企业的运作成本,从而减轻企业的财务压力。

扁平化组织结构带来的直接转变就是企业内部有独立运作能力的小型团队，而这样的团队逐渐成为主流组织形式。

小型团队组织具有以下几个方面的优势：

（1）独立性强

当一个团队人数较少时,在接到一个任务后,压力是分到每一个人身上的。大家都想尽快完成自己那部分的工作，不拖延整个团队的进度。由于人数少，其管理也会透明化，使每个成员之间都高度信任，有很强的团队荣誉感。

团队人数越少，相对而言其独立性也就越强，碰到问题时，越能够快速决定怎么做。

（2）灵活性强

人数少的团队，思想比较统一，在出现分歧时，也能很快地统一思想。遇到困难和变化的时候，由于思想能够快速达成一致，从而能够较快做出回应，并在问题复杂化之前将问题及时解决。

大的互联网公司，无论是腾讯还是阿里巴巴，也都意识到了小团队的优势，于是纷纷将公司拆分成小团队来进行作战。

（3）创新性强

小型团队人数少，每个人都能得到关注，这使每个人的工作积极性得到了大幅提高，成员之间会互相竞争，争取做有最大贡献的那个人。在这种工作氛围下，更易产生出具有创新性的想法与方案。

（4）易于管理

人数少自然就很容易管理，甚至在很多时候都不需要管理。一个不需要管理的团队会更容易产生高效率的工作激情。无论对于工作，还是对于团队成员之间的沟通和默契，都是比较有利的。而在一个小型团队中，所有成员之间彼此熟识，有较深的感情基础，在工作中也会收到事半功倍的效果。

在“互联网 +”的背景下，传统企业想依靠一支“大部队”去应对个性化的客户需求以及瞬息万变的市场竞争，简直是不可能完成的任务。带着庞大、臃肿而迟缓身躯的企业是无法与高度敏捷、灵活的互联网企业相抗衡的，也很难实现互联网的转型。

小型团队组织的崛起，是由互联网思维的去中心化所决定的，它要求企业内部达到集中化与分散化管理的微妙平衡，这就需要团队具有自主决策的自由。当然这一切需要强有力的管理层作为支撑。

因此，小型团队的崛起对企业来说是有利的，在企业内部应当实施集权分化，成立多个小型团队。这样不仅可以更快更好地解决公司内部事务，也能使公司更好地适应不断变化的市场，满足消费者的个性化需求。例如一家大公司可以通过分权和授权体系，把权利下放给最了解市场与客户终端市场的小团队。一旦这些小团队发现战略机会，再向后方请求强大火力支援，便能实施精准打击，完成更大的市场目标。

现在的市场可谓是瞬息万变，传统的组织形式已经完全无法跟上市场发展进化的步伐。为了不被市场淘汰，企业必须实现扁平化管理。尤其是当传统企业在做互联网转型的时候，如果继续以旧体制和冗长的管理层级来应对转型，势必无法完成。

管理者不再是管理的中心

“互联网 +”的去中心化，使得企业发展不再只是围绕一个人或一个组织来进行，而是把权力分散到各个岗位中。“互联网 +”让管理者不再是管理的中心，管理制度更加自由化，这就是互联网所带来的影响。

传统的企业管理模式大多数是以上层决策为导向的，即由领导者决定企业的（所有）目标与实施方案。但是，互联网时代下，企业需要解决的是用户在社交、娱乐和生活等方面的实际需求，必须参与到以客户价值为导向的市场竞争中去，这便使得原本的管理机制不再适合企业发展。

“互联网 +”使传统企业的管理者不再是管理的中心。

（1）大数据成为企业新的决策依据

在互联网时代，以大数据，或者说数据为导向来做决策，使得决策的依据发生了本质的变化。数据导向的新决策手段，替代了管理者以经验为导向的决策。

美国的亚马逊公司就是一家依仗数据相关技术发展起来的公司。在亚马逊，几乎所有的决策都需要以数据为依据。在网站上，亚马逊通过跟踪用户的购买习惯，以及浏览网站和商品的习惯等，为用户做出相关推荐。

从15年前开始，笔者就是亚马逊的忠实用户，因为即便是在无心浏览他们的网站，也总能被他们推荐的商品所诱惑。

（2）以用户来考核员工

在传统企业的管理模式中，管理者对于员工的业绩考核，大部分来自主观的判断。而当我们转向以数据为依据的管理时，所有相关数据便能够被精准地量化统计，一个员工的成绩如何将完全取决于他们的真实业绩，而不再需要管理者的主观判断。

如果一家企业是直接面向消费者的，那么员工的考核数据可以完全以基于用户体验的数据为导向。这里提到的数据会有多个维度，而其中的有些数据点是以前没有被考量或者根本不存在的，例如用户投诉的数字，用户续费的次数和金额，用户的满意度以及在社交媒体上点赞的次数等。

（3）业务创新使价值链转变

在互联网时代，企业要想有所突破，必须进行业务创新，通过互联网的优势来优化企业价值链，从而带动效率最大化。

阿里巴巴就是一个例子。由以商家为中心的B2B平台转向以客户为中心的B2C电商平台业务，然后再转向金融业务，阿里巴巴的价值链就得到了优化和深化。

管理的去中心化是对传统企业的一次变革，但如果企业无法顺应这种管理发展趋势，就会不进则退，发展也将举步维艰，更不可能成功实现转型。

企业的领导人本身必须具备足够的决断力，来引导企业管理模式的转型。而这种决断力需要他们跳出传统的管理思维，构建扁平化的管理模式，这样才能适应以用户为导向的市场新特征。

团队协作更加敏捷

在互联网时代，由于企业边界逐渐模糊甚至消失，企业组织架构扁平化，小型团队组织崛起，企业管理去中心化，使得团队之间的协作能力显著提升。

团队协作的敏捷性主要来自于以下几个方面的因素：

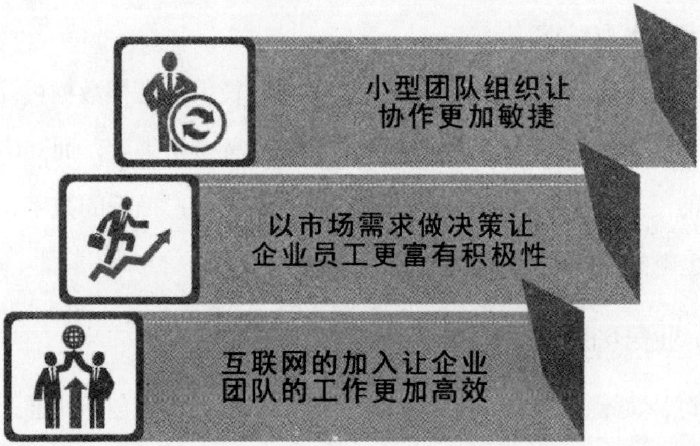

（1）小型团队组织让协作更加敏捷

小型团队组织和扁平化的管理模式使得企业内部分成很多个小型的团队，而各个小型团队之间都是相互独立的。在面对可以独立完成的任务时，每个小型团队组织都能够迅速地做出反应。 而这些小型团队需要完成的很多任务往往并不是完全孤立存在的，这便使得彼此之间的协调变得非常重要。

小型团队的人数较少，易于管理，他们更能够高效地完成任务。而由于没有大型团队的官僚作风，小团队在回应讯息以及彼此之间的合作方面，都会异常敏捷。这对于提升整个企业的运营效率来说，是非常有利的。

（2）以市场需求做决策让企业员工更富有积极性

在互联网的影响下，企业的任何重大决策，都不再是由企业的管理者决定，而是由市场的需求来决定。企业员工能更清晰地了解自己的任务，具体的目标，并随时依据变化来调整自己的工作进度。

在传统的决策模式下，企业的管理者在传达任务时，由于市场的不停变化等因素，员工在收到任务指示时所努力的方向极有可能会出现偏差，从而导致最终的完成效果不理想，很容易让员工丧失工作热情。

而通过市场直接反馈给员工的任务，可以让员工更加准确地把握工作进度，提升员工工作的积极性和准确性。

（3）互联网的加入让企业团队的工作更加高效

“互联网 +”让传统企业与互联网进行融合，吸收了互联网的优势，由互联网带动传统企业的发展，把传统企业的发展推向了另一个高度，使企业团队的工作更有效率。

自从进入到互联网时代以来，敏捷已经不再是一个陌生的名词。传统企业在互联网的带动之下，其团队协作能力也变得更加敏捷，从而不断敏捷地改进产品以适应市场的需求，进而使企业得到持续发展。

2. 互联网时代，如何管人？

在互联网时代，不仅企业的管理机制要改变，人才的管理战略同样也要做出调整。互联网时代下企业所需要的人才，已经不再是只会一板一眼埋头做事的员工，而是要求员工具备个性化的思维以及敢于尝试创新的行动力，这才是企业应对变幻莫测市场的最佳助力。

对于大部分互联网公司，公司的资产在很大程度上就是那些有技术有头脑的员工们。公司应当想尽一切办法让他们发挥出最大的效能，并且时时警惕竞争对手。

尊重知识和创新型人才

乔布斯曾经说过一句话："我过去常常认为一位出色的人才能顶两名平庸的员工，现在我认为能顶50名。我大约把四分之一的时间用于招募人才。"据说乔布斯一生大约参与过5000多人的招聘，找到了一流的设计师、产品经理、硬件工程师、研发工程师和管理人员。而组建由这些人才组成的"A级小组"，一直都是乔布斯在苹果公司最核心的工作。

有一句话这样说："A类人才只招聘A类人才，B类会招C类，C类会招D类。如果你不小心招了一个B类人进公司，那么一夜之间公司里就都是Z类的人了。"这句话最早是谁说的笔者无从考证，不过笔者最早听到的这句话就是来自于苹果公司的Guy Kawasaki，而Guy说的就是企业招聘的问题。

这句话非常适用于今天的企业。在互联网时代，要想在任何一个领域做好，就必须找到最好的人才。

我们需要做到真正尊重知识，尊重创新型人才，这样才有可能招募到各个领域中最优秀的人才。尊重知识的表现一方面是对于不同领域的知识的接纳，另一方面是要鼓励公司的员工不断更新自己的知识结构。而在尊重人才上则是永远以谦卑的心态对待他人，也只有这样才能够有机会遇到并留住创新型人才。

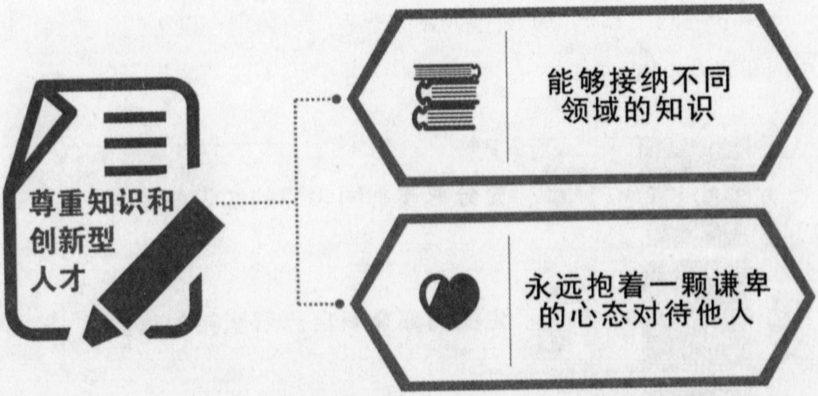

创新型人才的创新思维可能会不同于普通人，他们通常会拥有自己独特的判断与分析能力。但是，也正是这种不可思议的想法才能将一个神奇的创意赋予到实践中，从而铸就一个神话。试想如果没有一群创新型的人才，光是乔布斯一个人是不可能成就苹果公司的。

我们经常听到这样一句话："创新是一个民族进步的灵魂，是一个国家兴旺发达的不竭动力。"这句话其实并不是高谈阔论，它反映的是实实在在的真理。创新对一个人，一个企业，一个国家来说，都有着至关重要的作用，是推动其成长、壮大、发展的动力。而对于一个企业来说，发现能够掌握先进知识与技术，具有创新思维的人才，并让他们发挥出自己的潜能是最困难同时也是必须进行的工作。

为了给企业注入创新的力量，尊重不同领域的创新型人才便显得尤为重要，这关系着企业能否将这些创新型人才引入到企业中，创建一个 A 类团队。

不过，在现实中，很多企业，因为企业中没有能够做互联网相关工作的人，就找一些刚毕业的大学生甚至实习生来做和互联网相关的工作，如此自然不会取得良好的成果。在大多数情况下，最好的创新只可能来自于丰富经验的人。而企业之所以这么做，一是想偷懒，二是想省钱，而其本质原因是对创新型人才的不重视。

一家企业对于知识与创新型人才的尊重应该体现在以下三个方面，以此吸引创新型人才加入：

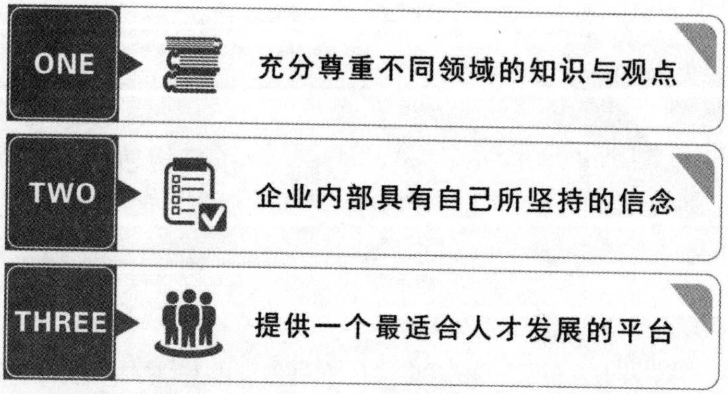

（1）充分尊重不同领域的知识与观点

充分尊重不同领域的知识与观点，是企业招揽人才的第一步。企业的领导人往往有这样的倾向，招聘和自己在同一领域或者有类似背景的人。跳出这样的固定思维模式其实并不容易，但只有敢于从各个方面找寻创新型人才，企业才能找到最强的人才。

我们需要企业的领导者，不拘泥于一个领域，用发散的思维去发现、去找寻最优秀的人才。千里马常有，而伯乐不常有，企业的领导者要具有慧眼识珠的能力，懂人、识人，找到适合企业发展的千里马，而千里马也是遇到伯乐才能发挥出最好的状态。

（2）企业内部具有自己所坚持的信念

很多企业都会出现这样的问题，千方百计找到了创新型人才，却因为各种原因没能留住人才。

人才的流失一直是阻碍企业发展壮大的痛点。在找到创新型人才后，如何将这些人才留住才是最关键的。

有个做技术的兄弟是这么说的，“其实我们这些人最好管了。把我们当人看就行。”这里的内涵就是对人才的尊重。要让这些人才相信自己从事的行业是正确的，首先就需要在企业内部有自己所坚持的信念。

（3）提供一个最适合人才发展的平台

企业对员工有期望，希望员工对自己忠诚，把企业当成自己的家。而同样的，员工对企业也有期望，如薪酬待遇、发展平台、尊重和满足其兴趣爱好等等。通常情况下，有一个良好的职业发展平台是大多数员工都渴望的，因为有了发展平台，便有了奋斗的希望，随之而来便是薪酬、被尊重和自我价值的实现。

企业为创新型人才提供一个最适当的发展平台，让这些人才在适合自己发展的平台上发挥出自己的优势，是企业为这些人才提供的最好的激励方式。如此不仅可以让人才发挥出最好的状态，也能够为企业带来最强大的回报。

企业对于人才的需求，就像鱼对水的渴求一样，对于一个企业，真正起到决定性推动力量的，往往就是几个关键性的核心人才。

人才是企业发展的基石，优秀的人才是创造出最优秀产品与服务的前提。因此，企业必须招揽到创新型人才，才能使企业掌握最强大的竞争能量，在“互联网＋”的进程中呼风唤雨。

树立起企业的价值观

有这么个说法："管理初创团队要靠领导者的个人魅力，管理成长型团队要靠制度，而管理成熟的团队要靠价值观。"

在美国芝加哥城市，一辆丰田轿车的雨刷器坏了，司机无法看清前方的路，便无奈地将车停在路边。这个时候，一位老人路过，在得知了原因之后便冒着大雨把轿车的雨刷器修好。司机在感动之余也很疑惑，便询问老人为什么要帮他。老人告诉司机，他是丰田汽车厂的退休员工，即使退休了，只要是丰田生产的产品他就应该负责。

从这个故事中，我们可以看到员工忠诚对企业来说是多么重要，如果企业拥有一批这样的员工，又怎会发展不好！

忠诚的员工有着高度的责任心和热情，这样的员工会一切以公司的利益为上，无论是在企业外部，还是在企业内部的跨领域合作，员工都会去积极地发挥自己的作用。

只要我们用心便会发现，那些能够吸引人才并留住人才的企业都有着自己的坚定信念和一个能吸引人的愿景。比如阿里巴巴，马云曾经说过，"留在阿里巴巴的都是最合适的人。"阿里巴巴由最初创业的"十八罗汉"起，企业的价值观一直都是马云最在意的。那些能够留在阿里十年以上的员工都是和公司有着共同理想能够与公司共担命运的人，或者说是符合阿里价值观的人。在阿里员工的年度考核中，价值观的占比达到 50% 也正是这个原因。

如果想让优秀人才对企业的信念有足够的信心，并为之努力向前，不断突破自己的极限，就必须让这些优秀的人才和公司领导人一样坚信企业发展的美好前景。

推动跨领域的团队合作

在互联网时代，由于信息的快速传递，使得各个领域之间都有了更加紧密的联系。在这种情况下，企业可以推动跨领域的团队合作，为原有的团队注入新鲜血液，让整个团队更加活跃。

但是，要想真正推动跨领域的团队合作，就要求员工必须是公司和公司产品的粉丝。如果做不到这一点，将很难推动跨领域的团队合作。因为，只有对公司和公司的产品有绝对的忠诚度与喜爱，才能保证员工不论身处哪个领域或者团队里，都能持有一种积极向上的工作态度，热爱工作，将既定的工作做到最好。

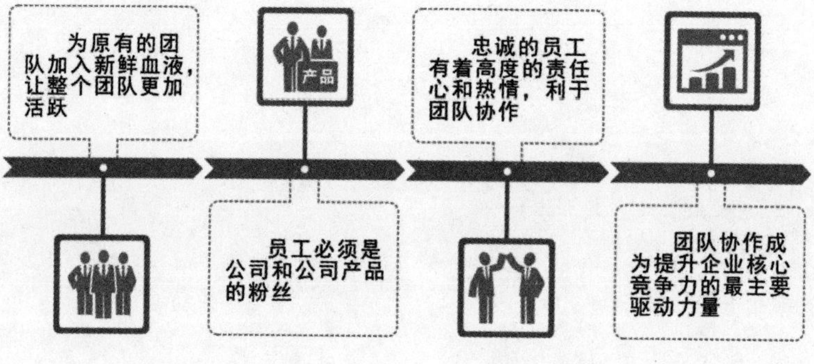

推动跨领域的团队合作本来就不是一件容易的事情，如何做好这件事也一直在困扰着很多传统企业。在互联网的环境下，不再有时间、地域和语言上的障碍，企业内部的组织边界逐渐模糊或消失。当团队之间的协作不再成为阻碍时，企业的核心竞争力就会提升，从而降低企业正常运营所需的成本。

在互联网时代，企业要想做好跨领域的团队合作，可以从以下几个方面入手：

（1）培养员工对工作的兴趣

兴趣是最好的老师，兴趣指导下的行为更具有持久性和新鲜感。只有当企业的员工对企业所安排的工作充满兴趣时，才能拿出最饱满的热情去对待工作。在跨领域的团队合作中，兴趣能让每个员工都发挥出各自最大的优势，从而推动跨领域团队合作的进行，为企业创造出更大的价值。

即使是在自己不熟悉的领域里，兴趣也能够引导员工去主动学习、并迅速接受新事物。因此，培养员工对工作的兴趣，是决定能否将跨领域团队合作进行下去的基础。

企业在工作中应主动发掘员工的兴趣点，尽量让员工的兴趣点同工作内容挂钩，然后再将其积极地培养、放大。

（2）构建知识共享，促进交流

在企业内部构建知识分享，能让企业员工对其他领域的工作有一定的认识与了解。从而在推动跨领域的团队合作过程中，会让企业员工更快熟悉其他领域的工作内容，进而能够更快地实现跨领域团队合作。

要构建知识分享，不能只停留在员工的自发行为上，企业的管理层更要对这个知识分享给予足够的重视，并提供适当配套的机制、工具或技术来完善知识分享的构建。只有整个企业共同营造这样一个知识分享的氛围，才能促进员工之间的交流，让彼此之间的协作更加融洽、快捷。

另外，要调动员工之间的分享兴趣，企业可以采用一定的奖励机制。比如，对于主动分享自己工作经验的员工可适当地予以奖励，这样也能够促使一种乐于分享的企业内部文化的形成，对推动跨领域的团队合作大有裨益。

（3）远程协作，全面促进协作进程

由于时间资源损耗巨大，企业传统的沟通与协作模式，已经不能很好地满足企业内部跨领域的团队合作需求。而时间成本对于跨领域运营的团队来说，是最为宝贵的。因为，企业的竞争已经由产品与服务转变到时间和效率的竞争上来，付出过多的时间成本的企业，在竞争中自然就会落后。

传统的团队协作和知识分享虽然可以带来不错的效果，但是也存在一些问题。例如，每个员工每天的情绪不同，工作的目的和利益不同，随着员工之间的不断接触，难免会出现各种问题。而通过远程协作就会让这些问题化作无形，更有利于企业员工之间的工作沟通和配合。

管理方式“维护员工主权”

在互联网时代，企业之间的竞争将会变得更加激烈，怎样占据企业发展新的制高点，是每一个渴望转型、发展的企业都在思考的问题。这个时候，调动员工的工作积极性是重要的举措。但是，怎么才能够充分调动员工的工作积极性，是企业需要解决的又一个问题。

在企业的发展过程中，管理者总会想法设法地提高员工的工作积极性，以此推动企业走向发展的快车道。然而，提高员工工作的积极性并不是那么简单，有的时候因策略不当，甚至会起到相反的效果。

无数事例向我们表明，让员工掌握主动权，才能够最大限度地调动员工的工作热情。

所以，企业在管理方式上，不妨维护员工主权，让员工掌握主动权，提高工作积极性，将工作做到最好，管理者也可以省很多事。

但是，在这里我们需要注意的是，维护员工的主权并不是让员工随心所欲，是要有一定条件限制的。

我们可以用以下几个方式来维护员工的主权：

（1）在如何完成工作上面有自主权

在今天，很多问题的答案都不再具有唯一性，对于工作上的问题也是如此。员工开始逐渐有自己独特的见解，觉得使用自己的方法去工作、解决问题，反而会更加轻松和便捷，因此不愿意被动无脑听命行事。

如果员工的想法和方法是对的，作为企业的管理者就应给予员工充分的自主权和信任。管理者应当只关注结果并对结果负责，只要员工能按时、按量、按质完成工作，就要给以肯定与支持。这样，员工会继续探索不同的工作方式和解决问题的方法，对工作会一直保持热情，不会被程序化的工作一点点磨掉工作的积极性。

管理者在给员工布置完任务之后，只需明确说明想要的结果即可，不必把每一个步骤都规定得那么死，要给员工多一点发挥自己能力的空间。这样不仅可以锻炼员工解决问题的能力，也能调动他们工作的热情，提高他们工作的自信心。而从管理者的角度考虑，不再关注不相关的细节，还能减少管理者的工作量。

（2）在选择奖励时拥有自主权

许多企业在给员工发放奖励时，一般都不会提前跟员工打招呼，说一下会送什么，或征询他们的意见。这样，员工在得到奖励品的时候，如果不是他们需要的，就会觉得有些失望，以后对这类奖励的物品也没有多少兴趣，便很难再调动他们的积极性。

其实对于奖励，只要开支在企业的预算范围之内，企业管理者不妨让员工自己挑选。毕竟每个员工的眼光、品味、所需要的东西都不一样，这样会让员工感受到企业的人性化，能够更用心地投入到工作当中。

如果是现金奖励，企业管理者也应提前告知员工，征求大多数员工的意见，以他们所期待的形式进行发放，这样会更能带动员工的工作热情，让工作氛围也变得活跃起来。在发放现金奖励的时候，不妨使用些小心机。例如，在员工期待的奖金基础上把金额进一步提高，这带来的不仅仅是员工满意，而是员工的惊喜和对企业对老板的忠诚。

（3）有自主提出问题、解决问题的权利

现在的许多企业，几乎是把员工作为一个机器使用，把问题和方法丢给他们，让他们按着固定的流程照着做。从管理者的出发点来说，这样可以减少出错率，保证效益。

可是，现实的结果又是什么呢？

员工越来越没有自主性，更别提对工作的热情了，真的就变成了“工作机器”。遇到问题不主动解决，碰到变化不积极改变。这样的员工怎么可能会有创新意识？怎么能够适应“互联网 +”下的快速发展呢？

好的管理者应该是将员工变得更具创新意识，有自主发现、提出问题并

解决问题的能力，而不是只会听命行事的“机器”。

在互联网时代，对人才的管理方式也应跟上社会发展的步伐，充分维护员工主权，让员工在企业中树立主人翁意识，这样才能让他们把工作当作是生活的一部分，而不是为别人打工。这样的员工，在工作时才能拿出更加饱满的热情，才能创造出更具创新价值的产品或服务，让企业在“互联网 +”时代下，走出一条更广阔的发展道路。

员工主权问题上，需要企业管理者正确的引导，将员工培养成拥有自主权与创新意识的优秀人才。为此管理者可以从员工的角度出发，考虑问题，建立一套灵活的、人性化的管理体系，让每个员工都能够人尽其才，充分发挥出自身的优势所在。

3. 互联网时代的人力资源

在我们看来，一家传统企业如果能够转型成功，人力资源（HR）部是整个公司最重要的部门。在上一节中我们讲述的企业价值观和员工主权都需要通过 HR 来实施。

HR 需要改变传统思维，需更加重视企业中个人的重要性，还需要对公司新的业务和产品规划有清晰的认识，为企业当前和下一阶段的发展做好人员储备。HR 还需要成为业务部门和技术部门更好的合作伙伴。

重新审视构建绩效管理体系

对企业员工工作成果的评估和奖惩，离不开绩效管理体系的支持。而在“互联网 +”带来的管理模式变革下，绩效管理体系同样需要进行相应的调整，以更科学、更合理、更准确地衡量员工的贡献。

让我们先来看一下传统的绩效管理体系是怎么构成的。

就其定义来说，企业的绩效管理是企业内部各级管理者和员工为了达到组织目标共同参与的绩效计划制定、绩效辅导沟通、绩效考核评价、绩效结果应用、绩效目标提升的持续循环过程。

传统绩效的管理体系通常分成以下三个方面，来对企业的员工进行绩效评估：

（1）个人评估

传统的绩效管理体系中的个人评估，是企业要求员工本人对自己进行一个全方位的自我评估，要求尽量做到客观真实。

所谓当局者迷，就是员工是很难正确评估自己所做的工作和所取得的成绩。其实，在自我评估中绝大部分员工会高估自己，还有一些会低估自己，能完全客观评价自己业绩的员工是少之又少的。

而这个状况导致了传统绩效管理体系中的个人评估环节几乎是完全无效的。

（2）管理层评估

这是管理者通过对每个人的日常表现对员工进行评估的一种方式。

其实，这种方式的缺陷也是显然的。因为管理者并不是每天都看着所有的员工工作，员工具体的工作情况，作为管理者根本不可能看到，因而最终的评估结果也存在很大的主观性和偏见。

因此，这种绩效评估方式并不可靠。

（3）阶段时间内的业绩成果

通过查看员工阶段时间内取得的业绩，用结果来说话。

在绩效考核的三种方式中，这个方式是相对最客观的。不过遗憾的是这种方式不是对所有岗位都适合，而考核的维度也不一定完全合适。

其他绩效评估的参考因素还有上下班打卡、请假扣钱等，不是说这些方式完全落伍，只是在今天的环境下需要改进的。企业鼓励员工进行创新，而这种创新一定不是靠按部就班的日常工作来完成的。

弹性工作时间可以允许员工不一定准时准点上下班，特别是针对从事程序开发类的员工，他们比较喜欢在晚上工作，因为那时的思维会更活跃。

所以，在我们看来，企业应该重新审视并构建新的绩效管理体系来适应这个快速发展的时代和以 85 后为主体的员工。

很多创新型的公司，比如小米，并不设定明确的 KPI，而是把注意力放到客户指标而非财务指标上。在信息技术发展迅速的时代，太过死板的绩效管理体系只会束缚员工的创新能力。

基于此，传统企业可以根据实际情况重新构建绩效管理体系，并让这些绩效管理体系具有高度的灵活性。一般而言，符合互联网时代需求的绩效管理体系应该有如下三个方面的特色：

（1）灵活性强

企业的员工都希望绩效管理体系的灵活度可以适度提高一些。例如可以让他们能够相对自由合理地安排工作时间，甚至完全按照工作量来进行考核。

我们身边的很多互联网初创公司都不需要员工打卡，每个员工只需要完成自己的任务量就可以。而以最终结果来看，每个员工每周的实际工作时间都在 60 个小时以上。

（2）以用户的反馈来进行员工评估

管理者在评估员工的绩效表现时，因缺乏客观的评估标准，经常会根据自己的喜好来对员工做考评。这样，即使考评本身是公平公正的，也依然会给员工造成“不公平”的错觉，并不利于团队氛围建设。

如果我们通过用户的反馈来评估员工的成绩，或者把用户反馈作为绩效考核的一部分，则能够让员工心服口服，激励他们更加积极认真地工作。

（3）即时评估

当一个员工取得不错的成绩时，奖励需要及时发生，不要推迟奖励，那样会消耗掉员工对工作的热情，而且企业也不能因此得到益处。即时评估，即时奖励，让员工及时得到奖励的同时，能够更加积极地投入到下一个任务中，并且也会带动其他员工投入工作。

在互联网时代，企业需要根据自身企业的经营管理特点来重构绩效管理体系。在重构的过程中，新的绩效管理体系要能够适应互联网新模式，让企业的员工以最饱满的热情投入到工作当中。

激励模式快速迭代，随时制造惊喜

HR 最重要的任务就是激励员工，让每个员工都发挥出自己的潜能。

在信息爆炸的今天，企业员工每天都会接受大量信息，传统 HR 用于激励员工的模式已经司空见惯，甚至那些过去能够成功激励员工的故事和段子早都已经在互联网上流转过很多次，不再有新鲜感。

这就需要企业来为员工营造良好的工作氛围，创造新鲜感，随时为员工制造惊喜，通过惊喜来满足他们的精神需求，激发他们的工作热情，强化他们对企业的忠诚。

今天的 80 后已经有了差不多十年的工作经验，大量的 90 后也已经加入工作。他们不像 70 后那样为了工资可以忍受一成不变的工作环境。这些活力无限的年轻人，把生活的激情看得比工资更加重要，尤其是 90 后，相比较工资，他们更看重工作背后的快乐和新鲜感。如果只是简单重复的机械式工作，他们是无法接受的。

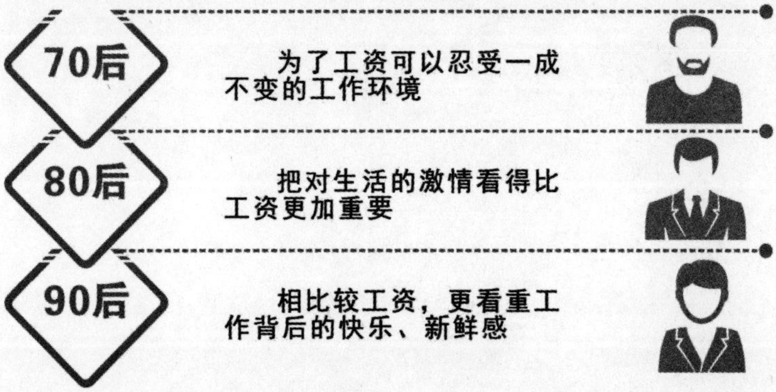

对于那些 80、90 后占据了员工数量大多数的企业来说，企业应重新调整管理机制，让一些 HR 激励模式快速迭代，想方设法为员工制造惊喜。这样才能吸引更多的年轻员工，并充分调动他们的工作积极性。

而对于加班，企业也需要调整之前的策略。今天的 80、90 后对于强制加班是极端抵触的，我们需要做的是想办法让他们愿意主动加班。

我们现在来看一下小米的加班文化。

在知乎上有人曾经问过应该如何看待小米 6 天 12 小时工作制，小米员工大李的回复是说："坚决反对加班……但是如果是创业就算了，创业意味着工作就是生活……何来加班？我每时每刻都在工作。"

小米公司将加班说成是创业，一个词语的转变，让员工产生了心态上的转变，调动了员工的加班热情，因为创业这个词让员工在潜意识中认为不是在为老板打工，而是在为自己工作，是自己在创业。一个词的转变便自然而然地把员工的理想同企业的理想连接在一起，使大家有了一个共同的愿景。

要使企业的激励模式快速迭代，我们可以从以下几个方面进行改变：

（1）让员工主动去聆听用户的声音

80、90后的年轻群体是一群不愿意受控制的人，他们只做自己愿意做的事情。如果企业强制命令他们，反而不会起到很好的效果。不如引导员工主动去聆听用户的声音，这反而可以激起他们的工作热情。如果得到了用户的认可，会让他们产生成就感，从而对工作更加认真。

（2）通过推出迭代产品以增强员工的信心

没有什么会比自己推出的产品受到一致好评，然后接二连三地推出迭代产品更能让员工开心的事情了。

互联网上的好产品往往是经过迭代产生的。互联网时代的市场变化快，因此产品也需要快速更新换代，这就决定了在制作互联网时代的产品时，需要小步快跑。而这就是迭代产品的意义。

快速推出迭代产品是对做出这款产品的员工最好的激励，让员工更有成就感与满足感，增强自信心，让他们带着无比的热情投入到迭代产品的更新和相关工作当中。

（3）经常改变所奖励的内容

人对任何的人、事、物都有一种适应性。在最开始接触的时候，人们会抱有极大的新鲜感和热情，但是当重复久了，身体和心理上的刺激感会越来越弱，最后让人习以为常。

同样，一个激励模式存在的时间久了，会让人产生懈怠感，便无法再为员工带来情绪、情感上同等的刺激，更不能为其带来惊喜。因此，经常改变激励模式与奖励的内容在激励员工上面显得尤为重要。当一种奖励模式经历了一段时间之后，就需要改变一下，不要让激励模式形同虚设，起不到任何的激励作用。这样，员工也会在期待不同惊喜的同时，能够每天开心地上班，为企业创造更多的价值。

一个企业要想在互联网时代进行转型、发展，就必须要具有创新精神。而只有各种人才才能为企业带来创新。因此，通过激励模式的快速迭代来激发员工的创新能力，是企业在管理人才方面很有必要实施的一个举措。

举例而言，企业可以设定个性化的激励模式，即根据员工的不同年龄段、不同兴趣点出发来设定激励模式。例如，对于那些喜欢户外活动的年轻人就可以用旅游、野炊的方式进行奖励，而对于那些比较居家型的人就可以通过发放实用物品或现金进行奖励。

“互联网 +”改变了企业人才的需求特征，由此也要求企业变更对人才的激励方式。传统企业只有跟上这种转变，才能引入并留住人才，并用多样化的激励模式让这些人才发挥出各自的创新能力。

HRBP 职位的兴起与角色定位

在互联网的环境之下，在人力资源领域有了一种新型职位——HRBP（Human Resource Business Partner），又称人力资源业务合作伙伴。HRBP 是指企业派驻到各个业务部门或事业部的人力资源管理者，主要协助各业务单元高层和经理在员工发展、人才发掘、能力培养等方面的工作。

HRBP 的主要工作内容就是协助业务单元完善人力资源的管理工作，培养和发展业务单元各级干部的人力资源管理能力。HRBP 需要切实针对业务部门的特殊战略要求，提供独特的解决方案，并将人力资源和其自身的价值真正嵌入到业务单元的价值模块中。这也是 HRBP 的主要职能所在。在互联网时代，需要企业的员工和领导层不断更新自己的知识结构和能力，以跟上互联网的节奏。这一些也属于 HRBP 的工作范围。

简单来说，HRBP 的存在意义就是一句话，让员工爽！

在互联网时代，一家公司最重要的财富就是他们的员工，只有员工发挥出自己全部的能力，才会有好的产品和好的服务，而让员工发挥出自己全副力量就需要让他们爽！

HRBP 是伴随着人力资源部门职能分化和升级而演变出来的一种新兴职位，它与人力资源共享中心、人力资源专家共同组成了现代人力资源管理的“三驾马车”。而 HRBP 则是人力资源内部与业务经理沟通的桥梁，既需要熟悉 HR 各个职能领域，又需要了解业务需求，同时还要能够帮助业务单元维护和谐的员工关系以及解决业务单元中存在的问题。可以说，HRBP 是一个需要综合能力的岗位。

总体来说，HRBP 的工作内容包括三个层面的内容：

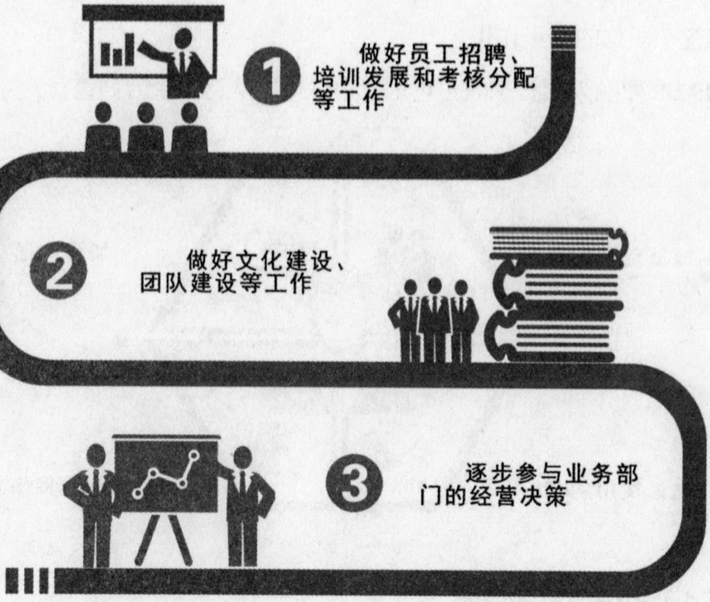

（1）做好员工招聘、培训发展和考核分配等工作

HRBP 需要协助业务部门做好员工招聘、培训发展和考核分配等方面的工作，并要及时地把业务部门的需求反应到人力资源部门，以确保由专家团队设计出的业务发展方案符合企业的实际需要。

（2）做好文化建设、团队建设等工作

HRBP 需要做好企业的文化建设和团队建设等工作，协助业务部门从人力资源的视角为其创造价值，以保证业务能够长期健康地发展。

（3）逐步参与业务部门的经营决策

除了上面两项工作内容之外，HRBP 还要为业务部门提供有关业务发展方面的建议，参与到业务部门的经营决策中去，以使业务部门的发展更加全面。

HRBP 的岗位工作并不简单，而要把它做好，最基本也是最主要的就是要真正融入到角色当中，从角色出发定位自己的工作内容，这样才能更好地发挥出这个职位的真正作用。

HRBP 要融入到正确的角色定位中，可以从这几个方面进行：

（1）放低自身的姿态

HRBP 要融入到角色当中去，首先要放低自己的姿态，向一线员工虚心学习，包括产品、服务知识和企业经营的价值链等。从一线员工那里了解到工作方式和流程，及时地发现工作的重难点所在，必要时应直接参与到一线的生产和经营活动中去，通过亲身体会和学习来掌握这些知识。

（2）加强沟通

HRBP 的一个角色就是充当企业发展的协调者。为了更好地协调企业内部的工作，HRBP 应学会主动解决业务部门员工在人力资源、个人成长和家庭生活等方面所遇到的问题和困难，以此成为他们贴心的“小伙伴”，让他们从内心里真正接受 HRBP 这一角色，这样他们才能乐于配合相关的工作。

（3）做最实用的 HRBP

HRBP 角色主要的特色就是实用。为方便业务部门的工作，HRBP 应尽量提供各类实用的日常管理工具，来帮助员工提高工作效率，并以此逐步取得业务部门的信任。进而再介入到部门管理、人事安排、经营决策等战略性工作中去，真正成为业务部门的合作伙伴。

（4）学会主动收集信息

在各类会议、报告、报表等材料中学会收集有用的资料，并以此来掌握业务的发展状况、市场形势、管理状况等方面的信息。然后通过认真研究这些信息，从中找出其规律或存在的问题，并提出自己的建议和给予弹性的解决方案。在这个过程中，HRBP 要积极主动，而不是等到问题出现时再去解决，这样会影响到企业的发展。

由此可以看出，HRBP 一职也没有那么神秘，它在其中所起到的作用就相当于平衡与调解，让业务部门的员工感觉到比较亲切、自然，也就是要他们感觉比较爽！这样，HRBP 就出色地完成了自身的任务。

HRBP 这个职位的兴起也是由“互联网 +”时代的影响产生的，它是通过协助业务部门，来让业务部门的工作和员工相处都变得更加和谐，以更好地适应“互联网 +”下的人才管理需要，从而让整个企业得到更好的发展。

第五章 互联网时代的营销变革

信息爆炸和竞争同质化，让营销活动在企业经营中的作用与日俱增，而在互联网的环境下，传统企业的营销模式正在经历着人类商业文化开始以来最大的改变。

传统企业如何应对营销变革，搭建有效的营销系统，怎样用新的模式吸引和留住用户，直接决定着企业当前的经营状况以及未来的成长潜力。

在我们给大家讲述营销之前，先要请大家注意的是，产品永远比营销手段重要。营销力和品牌力固然重要，但产品本身一定是最重要的。好的营销手段能够提升产品的知名度，而如果想要长久地吸引消费者，优质可信赖的产品是必要的前提。在互联网时代，只有在产品、技术和营销上都领先的企业，才能成为真正的王者。

1. “用户主权”时代到来

在互联网时代，市场早已不是由企业来引导，而是由用户的消费需求来引导。充分满足用户的真实需求，才是企业生存的根本。

传统企业必须追随这一发展趋势，关注用户需求，实现用户价值，以应对用户主权时代的到来。

真正聆听用户的心声，而不是“想当然”

今天，在市场上无论花多少钱做营销或者说什么话，如果忽略了用户的感知，都是没有意义的。因为只有当用户感觉到自己被重视的时候，他们才有可能成为你的忠实粉丝。

在互联网尚未普及之前，用户如果对产品或服务不满意，投诉无门，通常情况下只能吃哑巴亏，有时即使提出了意见也经常会被商家直接无视掉。在吃亏之后，用户获得的经验教训就是再也不到这家店购物了。之后依然会有第二个、第三个用户有同样的经历。这种情况对用户不利，但是对商家来说却是有利的，因为商家会一直牢牢地掌握着主动权。

时至今日，如果还是同样的情况，这个商家就可能因为互联网上铺天盖地的群众舆论而门可罗雀。这种以自身为中心、以短期利益为导向、不考虑用户的实际需求的企业已无法适应互联网时代的竞争潮流，注定是无法长久的。

在互联网的影响下，我们迎来了用户主权时代，市场的需求逐渐由用户来决定，而不再是以企业为主导。这一现象的改变，意味着传统企业要学会聆听用户的心声，主动去了解用户的需求，再做出相应的业务调整，而不是“想当然”地认为他们需要什么。

受互联网的影响，传统企业无法再以曾经有过的辉煌成绩支撑未来的发展。企业在面对瞬息万变的市场时，必须懂得做出改变，否则只能等着被淘汰。而用户是现在市场的主导，企业要发展就必须要学会如何聆听用户的心声。

不懂如何聆听用户的诺基亚手机就是一个典型的案例。就在不久以前，这个手机界曾经的王者，占据着中国一半以上的市场份额。但是，这一世界性的品牌为何陨落了呢？这其中的一个原因是坚持自有的手机操作系统“塞班”而没有快速拥抱安卓系统，但更为关键的原因是不了解用户的真正需求。

用户真正需要的是简单且易用的产品。调查表明，70% 的用户会为一个提供了更加简单用户体验的产品做推荐，还有 38% 的用户愿意为更加简单的用户体验而支付更高的费用。“Less is more”——大道至简，这个在设计学上被封为经典的理念恰恰是乔布斯设计苹果手机的理念。

在用户主权时代，企业要想获得更加长远的发展，就要看清当前的发展趋势，认真倾听用户的心声，以用户的需求为导向，重新设计或者改进产品和服务，调整企业的发展步伐与方向。这样，企业才能由被动变成主动，才能掌握市场的主动权，向更好的方向发展。

要做到真正聆听用户的心声，企业需从以下方面入手：

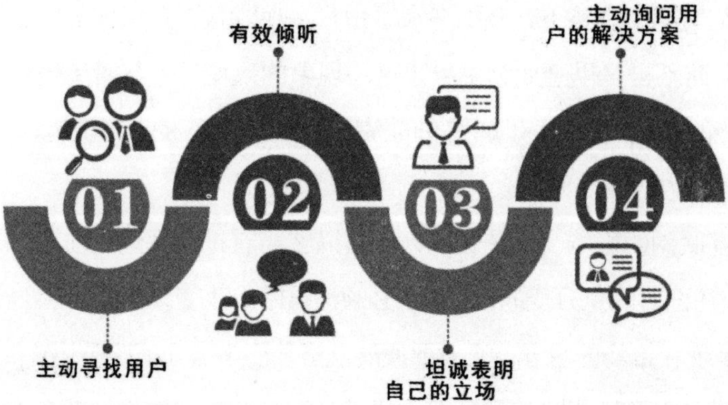

（1）主动寻找用户

企业必须占据主动权，主动寻找用户，而不是等待用户自己上门。企业在寻找用户的过程中，切记不可盲目，应对目标用户进行筛选。比如说，如果你是一家做化妆品的企业，那么，你要寻找的用户自然应该是以女性为主，而如果你做的化妆品是高端的，那么典型用户可能是有一定经济实力，追求美和时尚的都市白领。

用户永远不是在等待中出现的，如果企业要想赢得用户的拥护，就必须学会主动出击。在发现目标用户群之后，以直接提问或调查问卷等方式与用户进行有效沟通。

（2）有效倾听

我们需要做到真正有效地倾听用户的声音。

用户希望他们的声音被听到，而且有被回应。因此，我们要明确告知用户我们有在认真地在听他们讲话，这是对用户的尊重，同时也是我们在与用户沟通的过程中应该掌握的技巧。这样，用户感到自己的想法得到了肯定，便会有意愿继续表达下去，并有可能将他们所了解的和迫切需要的东西更多地倾诉出来。这样一来，企业也就达到了倾听用户心声的目的。

在用户倾诉的过程中，如果有一些是可以付诸实际行动或者有价值的观点，企业应当大方地承认。这样不仅能让自己得到了宝贵的建议，也能让用户感觉到被重视，从而更加畅所欲言。

倾听用户的心声决不是只做表面文章，而是要真正听进去，并从用户所说的内容中找出能够为企业所用的有效信息，这才是真正地聆听用户心声，也是企业聆听用户心声的目的。

现在很多企业都具备了倾听用户需求的基本条件。企业的官方网站、微信公众账号、官方微博等，都是与用户进行良好互动的入口，充分利用这些平台，同用户真诚互动，这样才能打动用户。

（3）坦诚表明自己的立场

在企业和用户进行沟通的时候，企业应当坦诚表明自己的立场和观点，同时对于行事方法给出令用户信服的理由。

企业在倾听用户的心声之后，要给予及时的回应，在需要表明自己立场的时候要明确表明自己的观点。

企业在和用户沟通的时候，应该只是针对用户表达的内容做出解读，而不去评判用户说话的方式和语气等，即使做出评价，也要公正客观，不能带有敌意。

有些企业会在微博或自己的官网上同用户发生争执，通常，这些做法都是不明智的，因为一些不当的争论可能会对企业的品牌形象造成恶劣的影响。

（4）主动询问用户的解决方案

企业不妨主动向用户询问他们所希望的解决问题的方案是什么。

当然，因为种种原因，用户给出的解决方案也许并不合适，但至少要能够让用户真诚地表达自己内心最真实的想法。企业可以根据用户的提示和建议进行深入挖掘，直至找到一个最合适的方案来解决问题，或者引导客户让他们知道我们已经完全理解并考虑了他们的需求。

总之，在互联网时代，企业应该一切以用户的需求为中心，主动聆听用户的心声，不是想当然地预测市场需求。只有这样才能适应“互联网+”的营销变革，不被市场和用户所淘汰。

美国的星巴克公司构建的网络社区就是一个非常好的聆听用户心声的例子。

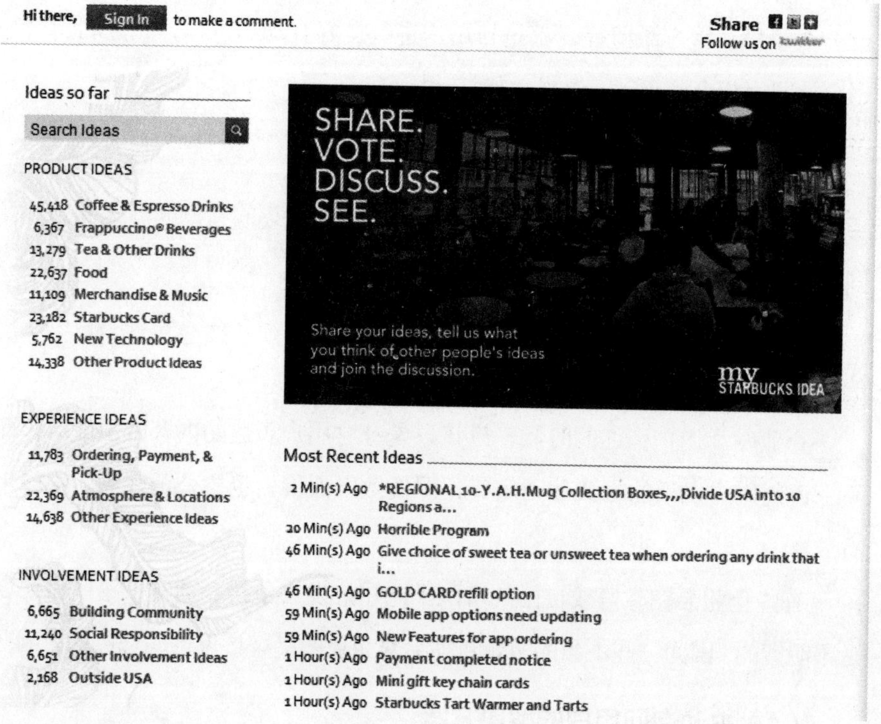

星巴克在网上为用户构建了一个平台，让用户从产品、消费体验和参与度三个方面来提出自己的想法和建议。通过 5 年多的时间，星巴克的粉丝们在网络上提交了近 20 万个各种各样的想法和建议，而这些想法和建议为星巴克贡献的不仅仅是更多的现金收入，还有各种无法以金钱来衡量的创意，再一次帮助星巴克设计出更新的产品，提升用户体验，加强用户的参与度。

把自己当成用户去做产品

在用户主权时代，做出让用户满意的产品，才是企业生存的根本。那么企业怎么样才能做出让用户满意的产品呢？换句话说，谁是最了解用户的呢？

要想做到了解用户，企业在营销活动中，就要把自己想象成用户去做产品。也就是说，我们要从用户的角度思考问题，从用户的身份、经历、生活环境等层面入手，探寻他们最需要被满足的需求和最需要被解决的问题。企业如果能时刻把自己当成是用户，就自然会以用户的思维去思考如何生产产品了。

那么，企业如何以用户的思维去思考呢？又怎样才能把自己当成真正的用户去思考呢？这需要企业从这几个方面着手：

（1）确定目标用户群

企业把自己当成用户去做产品，首先就要确定自己的目标用户群体。企业只有确定了目标用户群体，才能进行下一步的操作，否则所做的调查及收集的数据就是没有意义的。

企业在确定自己的目标客户群时，要先设定一个较大的范围，然后在这个范围内再进行更加细致的划分。这样一层层将范围缩小，直到找到精准用户群体，才算完成了第一步。

（2）通过实践找出用户群体的总体需求

企业在找出精准的目标用户群之后，就要开始下一步的操作了。这个时候，需要企业全方位地搜集信息，积极地进行实践，然后找出目标用户群的需求。虽然每个用户的具体需求可能各不相同，但是，通过对大部分用户群体的调查，还是可以找到一些用户的共同需求的。

在找到了用户的共同需求之后，企业就要看如何能通过产品和服务来满足他们的需求。在整个产品和服务设计过程中，企业也要和用户保持密切沟通，注意他们在需求上可能有的变化，以及时地做出相应的修正。

（3）站在用户的角度来观察产品

当了解了用户群体的需求之后，就能够以用户的视角来生产产品，也更容易站在用户的角度看待产品，把自己真正当成用户去做产品。这样才能够做出让用户满意的产品，让企业得以在市场中求得生存和发展的空间。

真正从用户的角度出发来设计产品并不是一件容易的事情。企业各个环节中负责设计产品的人必须能真正进入用户的角色，而不是做各种假设。我们接触过很多公司领导，他们自认为可以担当产品经理的角色，要求产品上加入这样那样的功能来满足用户的需求，但是问题在于，他们自己并不是典型的用户，因而提出的建议并不一定具有普适性，反而会扰乱产品和服务研发的进程。

由此可以总结出，当企业不了解市场时，可以从用户的角度切入，把自己当成用户去做产品。在了解到用户群体的需求后，就要开始设想做出什么样的产品既能满足用户的需求，同时又有差异性。因为，在互联网时代，千篇一律的东西很快就会被人们遗忘。每个企业都可以从用户的角度去做产品，但并不是每个企业都能将创新元素融入其中，让产品满足需求而又有自己的独特之处。

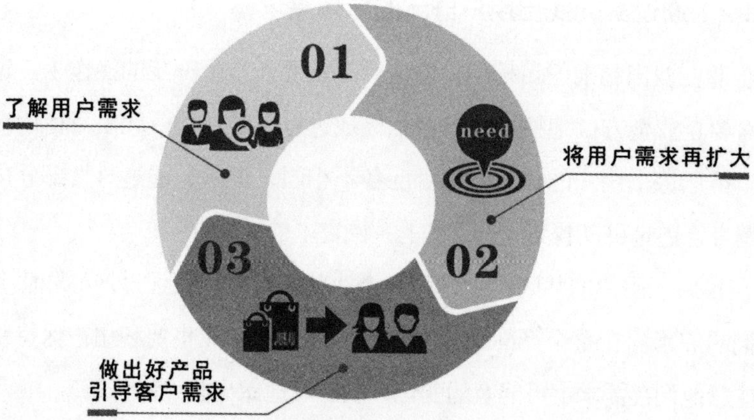

在互联网时代，企业无论做什么决定，都不能忽略创新思维。这是一个需要不断创新的时代。即使是已经从用户的角度出发去做产品，也不能忘了要去创新，去突破。依靠用户思维，又不拘泥于用户思维，这样的企业才会在这个时代成为一个优秀的企业。

搭建与用户共享的创新链

互联网精神的特征之一是透明化。

互联网时代，信息传播的速度非常快，从大城市到某个小城镇中发生的事情都能很快被全国的人知道。

现代社会，信息的透明化程度越来越高，使得企业与用户之间的关系变得透明化，企业与竞争者的产品关系透明化。而对于企业来说，保持与用户之间的透明化，能够得到用户的大力支持。

小米手机在这方面做得就很好。从创始之初，小米积极地让用户参与到手机的设计与制作过程中来，所用的配件、零部件等都透明化，让用户放心购买并使用小米手机。

传统企业不妨学小米，让自己的信息透明化，与用户直接互动，这样企业不仅能了解到用户的需求，也能因为接受了用户的监督促使企业更追求完美。

既然在互联网的影响下，透明化已经变成一种趋势，企业何不利用这种透明化的趋势拉近企业与用户之间的距离？企业不妨让用户参与到自己产品的制作当中来，让用户有参与感，这也是互联网时代下的一种新营销手段。为了做到这一点，企业可以搭建与用户共享的创新链，让用户可以与创新产品团队进行互动，一起参与到能够改变生活的创新产品上去。

搭建与用户共享的创新链，主要是通过将参与产品设计的用户转化成产品的“粉丝”。粉丝效应无论是对明星、企业或是其他产业来说，都有着巨大的推动作用。

搭建与用户共享的创新链的好处

郭敬明拍的《小时代》系列电影，可以说是完全由粉丝带动起来的“粉丝电影”。虽然在坊间劣评如潮，但并不妨碍这一系列电影获得极佳的票房，而这就是粉丝们在为郭敬明的票房买单。看《小时代》系列电影的用户有多年来追寻郭敬明的粉丝，有追寻《小时代》这部小说的粉丝，同时也有参演这部电影的明星的粉丝，这就是粉丝效应的推动作用。

企业通过搭建与用户共享的创新链，就可以让用户充分了解企业和它的产品，并让用户参与其中，满足用户的需求，从而把用户转变成自己的粉丝。每当企业推出一款新产品，就可能得到粉丝的大力追捧，从而使产品获得巨大的成功。

在互联网时代，产品的竞争其实就是对用户的竞争。能够争取到更多用户的支持，企业就成功了一大半。因为，在今天，技术已经很难成为壁垒，各家公司在产品和服务上的差异化并不是很大。

搭建与用户共享的创新链是“互联网 +”时代发展的趋势，传统企业可以通过这样的方式来适应“互联网 +”的发展，让企业成功转型。

②“粉丝经济”，让粉丝成为销售员

就算你的产品和服务都非常棒，但如果没有有效的营销方式，顾客也不会纷至沓来。在互联网时代有这么一句话“酒香更怕巷子深”。你必须设法让顾客来购买产品，而要做到这一点，并不像表面上看起来那么简单。在过去的几十年中有无数的例子告诉我们，最好的产品往往并不能取得最后的胜利。

在 Web2.0 时代，充分利用好粉丝的力量可以成为企业进行销售的一大利器。依靠“粉丝经济”，让粉丝成为企业的销售员，能为企业带来巨大的收益。这是互联网时代赋予企业的独特销售方式，传统企业应该抓住这个机会，并通过这种方式来提升企业的业绩。

这里我们需要告知读者的是，千万不要认为“做粉丝”等同于做“微博营销”或者做“微信营销”，虽然这两者都能为企业带来粉丝，但那只是互联网营销中的一个渠道而已。

我们来看一组数据，从 2015 年 8 月份开始，微信公众号的平均阅读数在普遍下滑，个别号的阅读数下降 20%—50% 不等，呈现的态势和当年的微博类似。为何会这样？其实很简单，公众号的数量在 2014 年年底就已经突破 800 万个，而且当时还在以日均 1.5 万个的数量增长。但每个公众号采用的都是同样的手段，同样的一条内容被 N 个公众号改头换面发送，想想看，用户还会有兴趣阅读吗？

为粉丝建立网络社区

互联网发展到今天，缩短了企业与用户之间的距离。企业如果能站在用户的角度考虑问题，能为用户提供极致的产品和服务，满足用户的心理和需求，就可以把用户变成自己的粉丝。

无数的实践和案例告诉我们，在今天，粉丝效应越来越重要。许多市场表现优异的产品之所以优异就是因为它们拥有狂热的粉丝。我们可以称其为“粉丝经济”。粉丝可以促进企业产品的销售，可以为企业带来经济效益，而更加重要的是粉丝可以为企业带来长期的品牌价值。

2014 年，老罗的锤子手机从设计上来讲可以说是一款失败的产品。但同《小时代》一样，锤子手机的买单者是粉丝，是老罗的粉丝。粉丝买的不是老罗的手机，而是老罗的情怀。什么叫粉丝？在经历了 2014 年之后，在 2015 年依然无怨无悔地购买锤子手机 T2 的就是老罗和锤子科技最忠实的粉丝。

由此可以看出，企业拥有自己的忠实粉丝尤为重要。

那么，企业如何吸引并留住粉丝呢？

抓住粉丝要比抓住用户更加难。要留住粉丝，企业首先就要了解粉丝的需求是什么。一个用户非常喜爱一个产品或一个企业，就成为了它的粉丝。而要做到让用户喜爱，企业就需要从各个方面来打动用户。

最直接有效的方式就是让用户了解并爱上企业与产品。当用户对一个企业和它的产品非常了解后，加之这个企业的理念和产品能够让他们心动的话，那么，这个用户就有可能会成为这个企业的粉丝。正如我们在上一节中讲述的那样，如果用户能够参与到产品制作过程中来，这对于增强用户体验的作用是非常大的。

然而，当一个企业已经拥有了足够多的粉丝之后，怎么管理这些粉丝，让他们对企业的钟爱时间尽可能地延长，也同样很重要。为此，很多企业开始尝试为粉丝建立网络社区，让粉丝在这些社区中有“家”的感觉，这样不仅有利于粉丝之间的相互沟通，也比较能够维持这些粉丝对企业的长久热情度。

在当下这个有粉丝才有未来的时代，企业为粉丝建立网络社区变得势在必行。企业可以从这几个方面来建立网络社区：

（1）不断挖掘新粉丝，维护老粉丝

建立一个网络社区最重要的就是要有足够多的粉丝，这样的网络社区才有价值，才能够有足够多的粉丝留存。

几乎所有关于客户关系管理的书籍中都会对老客户的价值进行讨论。在一个社区里能否把老客户留住是很关键的，通常一个电商获取新客户所付出的成本是留住老客户的三到五倍，而在社区里留住老用户要比找到新用户容易得多。

一个社区无论做得有多好，都一定会有一定数量的粉丝流失掉，在这种情况下就需要不断有新粉丝的加入才能保持粉丝数的增长。不断挖掘新粉丝能够让社区不断地注入新鲜血液，从而提升社区的活跃度。

不论是新粉丝还是老粉丝，企业都应该花足够的时间去与之交流，随时了解他们内心对企业最深的渴望，这样可以使粉丝和企业之间的关系更加紧密，也能够帮助企业研发出更适合用户需求的产品和服务。

（2）建立轻松的社区体系

一个拥有众多数量粉丝的社区，其价值是巨大的。在构建了社区之后，企业应该重视对于整个社区的管理，尽量使这个社区拥有轻松的交流氛围，让粉丝之间相处得愉快。积极健康的网络社区环境对于企业的宣传是有很大帮助的。

企业在社区中需要注意的是千万不要只是一味宣传自己的企业和产品，因为，这样的效果通常会适得其反。企业应多与粉丝进行交流，并尽量在社区中拓展各类话题，而不是每次都说自己有什么样的产品。如果让粉丝们觉得企业只是利用他们来做宣传而已，那么这个社区是做不好的。

（3）线上线下相结合

建立网络社区的目的是为了将这些粉丝聚集在一起，便于管理，未来的目的是让他们更长久地支持企业的发展。

企业可以定期针对粉丝们举办一些线下的活动。例如，企业可以推出一些新产品的宣传和促销，举行一些活动让粉丝和企业的代言人在现实生活中见面等等，这样既可以帮助企业宣传产品，也可以让粉丝在现实生活中见到彼此，使整个粉丝群体更加团结，更长久地支持企业的发展。

让铁杆粉丝首先体验“用户主权”

在互联网时代，粉丝效应对企业的宣传作用很明显，不但能够让企业的知名度迅速提高，也可以让企业的产品畅销。这是互联网社交带来的一种群体效应，志同道合的网民在一起的力量是非常强大的，他们造成的舆论影响力可以改变很多事情。

当外界对粉丝们所喜爱的明星或企业有不好的言论时，这些粉丝就会站出来为他们说话，在粉丝巨大的影响力之下可以将这些明星或企业的声誉挽救回来，并给诋毁他们的人强有力的回击。

由此可见，粉丝对于明星或企业的重要性，尤其是一些铁杆儿粉丝，能够不留余力的保护自己所喜爱的人或企业。

小米能够在五年中迅速成长为一家互联网大公司，它的成功就在于有众多铁杆儿粉丝的支持。而最经典的粉丝案例当属苹果，苹果公司的粉丝在有苹果手机之前就有了。当年在美国，有这样一群人，乔布斯和苹果公司做的任何产品他们都会拍手叫好，无论是从 Apple II 还是到 Macintosh，都是一样。即使在有段时间，苹果电脑的市场份额跌到只有 10%，产品本身并没有任何亮点的时候，这些粉丝依然无怨无悔地花比普通 IBM 兼容机贵一倍的价格去购买苹果电脑。

话又说回来，如果你也想要找到一批铁杆儿粉丝，首要前提是必须让这些粉丝有绝佳的体验。Emanuel Rosen 在《The Anatomy of Buzz Revisited》中说过，“口碑的基础是这样的：如果你想要大家提及你的产品或者服务，你必须要提供很好的用户体验。”

那么，如何培养这些粉丝成为铁杆儿粉丝呢？ 一个做法是让粉丝们觉得自己很特殊，有特殊的“待遇”。

企业让铁杆儿粉丝感受到“优待”，可以让他们首先体验企业为粉丝提供的“用户主权”。当企业要推出一些优惠活动或者纯粹是奖励的活动时，可以让这些铁杆儿粉丝首先尝试，然后再推广到其他粉丝中去，这样既可以满足铁杆儿粉丝受“优待”的心理，也能让这些首先尝试的铁杆儿粉丝为企业的这些活动做很好的宣传。

让铁杆儿粉丝首先体验“用户主权”，企业可以从这几个方面入手：

（1）在产品销售之前

在企业推出一个产品之前，可以让这些铁杆儿粉丝参与到产品研发与制作的过程中，聆听他们的建议，并且接受他们比较合理、创新的观点。这样不仅能够让粉丝们感受到企业对他们的重视，而且这对于企业研发新的产品也会有很大的助推作用。

当测试产品或者样品生产出来时，也可以通过这些铁杆粉丝为产品做宣传，可以给他们试用权，低价或者免费赠送的方式，让他们感受到企业提供给他们的“用户主权”。再以这些铁杆儿粉丝的使用效果来做宣传，让其充当意见领袖。有了这些铁杆儿粉丝的支持，企业产品的宣传效果也会增强很多。

（2）在产品销售过程中

在产品的使用过程中，企业可以再次为这些铁杆儿粉丝提供一些“特权”，如免费升级、清洗等，在得到这些铁杆儿粉丝的口碑后，其他粉丝和用户就会受到影响，去购买企业产品。通常情况下，用户与用户之间对一个产品的口耳相传，往往比企业自己做宣传的效果要好很多。

企业这样做既让铁杆儿粉丝享受到了“用户主权”，又能使企业的产品获得销售量与口碑的双赢，这一效果往往是企业独立宣传所不能达到的，也充分说明了粉丝对企业的重要性，尤其是铁杆粉丝对企业的支持。

（3）在产品的售后

在产品的售后方面，企业也同样可以给这些铁杆儿粉丝一些“用户主权”，如免费维修、以旧换新等。铁杆儿粉丝得到了这样的售后待遇之后，自然会给产品好评，产品的口碑也会因此得到扩散，使更多的用户想要购买该产品。因为，铁杆儿粉丝为该企业的产品的售后问题点了一个大大的赞，推动了其他用户的购买率，完善的售后服务能够让广大用户更加放心地购买产品。这也说明用户之间的信息传递要比企业直接传递信息给用户的效果好。

通过产品销售的这三个阶段，让铁杆儿粉丝首先享受到“用户主权”，既满足了铁杆儿粉丝的个性化需求，也让铁杆儿粉丝为企业的产品做了生动的推广。把粉丝变成销售员，让企业节省了宣传成本，其效果也远比企业自主宣传好得多。

这都是在“互联网 +”的影响下产生的一系列新现象。在当前市场环境下，企业就要在正确的时间做正确的事，并充分利用粉丝效应来为企业做宣传。粉丝效应在“互联网 +”时代还将不断持续甚至具备更强大的影响力，能不能将其利用好，则完全取决于企业如何对待粉丝。

让粉丝成为新产品发布员

互联网时代，让企业看到了粉丝的力量。能够充分利用粉丝力量的企业，一定会获得不错的成绩，这是不同产品的发烧友给企业带来的宣传效果。随着信息传播的速度加快，这些发烧友的言论在一定程度上影响着其他网友的决定。

如果单一个网友说这个产品不错，也许起不到什么作用，但是，当一群人都说这个产品很好的时候，就可能会引起其他网友的关注。即便大家不去购买，也会为企业带来大量的人气，对企业的宣传可以起到巨大的推动作用。

这些发烧友也就是铁杆儿粉丝，他们痴迷于某一个产品。例如，喜欢索尼品牌的发烧友被称为“索粉”，也就是索尼的粉丝，他们会忠诚地拥护索尼这个品牌，并拥护这个品牌旗下的所有产品。

按照调研机构 TrendForce 的数据，在 2015 年第二季度全球智能手机出货量中，小米的手机占领全球 5.9% 的份额，居全球第四位，超越了知名品牌 LG。对于一家仅仅才成立五年的公司，能够取得这样的成绩最主要的原因就是得力于粉丝们的支持。

企业聚集起自己的粉丝不容易，一旦聚集起来，并形成铁杆儿粉丝，就要充分地利用这一资源，让这些粉丝成为一个企业新产品的发布员。

为了让粉丝成为企业新产品的发布员，企业可以用不同的方法。例如，以物质奖励、免费试用或者提供某种服务作为回报，来吸引粉丝的关注。

不过，要让粉丝成为企业新产品的发布员，企业更需要了解粉丝们的心理活动，因势利导才能看到效果。

首先，企业要让用户有最好的体验。

让粉丝成为企业新产品的发布员，仅靠给他们提供物质上的奖励是不够的，做好产品体验才是最终的杀手锏。很多企业在前期宣传一个新的产品或服务时，总会先为他们的粉丝提供一些物质上的奖励，让他们来做推广。但是，凭借这一方法，有一些企业成功了，而更多的企业却失败了。

如果没有做好产品体验，做的任何事情都是没有用的。因为，当产品还不够完善时，贸然推广只会影响产品的口碑。那些先来体验产品的粉丝，他们的评价对该产品的后续宣传有很大的影响。如果产品体验没有做好，会让这些粉丝感到失望，然后这些信息会很快在用户群体中扩散，这对产品后面的宣传与推广极为不利。一旦给其他用户树立起差的产品体验效果，即使企业在后期对产品加以调整，也很难再改变该产品在用户心中的形象。

其实，这就同心理学中讲的首因效应一样，一个人的第一印象很重要，而一个产品或服务的第一次用户体验也很重要。所以对于企业来说，宣传固然重要，但在这之前，产品的体验一定要做好，要让粉丝充分感受到该产品本身的优势。

其次，要以朋友的关系与粉丝相处。

粉丝都是平平常常的人，也都有自己的想法。因此，企业要想得到他们的支持，就应该与他们保持平等的朋友关系。如果只是为了利用他们来做宣传，只会引起他们的反感，最后弃企业而去。

与粉丝做朋友，才能更了解他们的需求。有些产品在企业的管理者看来是完美无缺的，但真正到了用户那里，得到的答案却不见得是这样。所以，只有用户说好才是真正的好。企业只有先了解了粉丝对产品的看法，才能对产品做持续的改进，以满足粉丝的需求，这样的产品也才会受其他用户的喜爱与拥护。

最后，向粉丝提供有用信息。

企业向粉丝提供的信息，包括产品的优点和不足等，一定是真实的信息，不可欺瞒粉丝。这样，一方面可以赢得粉丝的信任，另一方面也能让粉丝给出一些实际性的建议。

企业要想让粉丝主动成为其新产品的发布员，就要对粉丝开诚布公。只有粉丝从内心真正接受了该产品，他们对外界传达的信息才是发自内心的，才是有力量的，才能带动其他用户去购买。并且，一旦出现问题的时候，他们才愿意挺身而出。

粉丝效应是企业最想要看到的。大批粉丝去购买同一个产品或者服务时，其他用户看到之后也会产生购买的冲动，即便不买，至少也可以引起他们的好奇心，增加该产品的关注度。

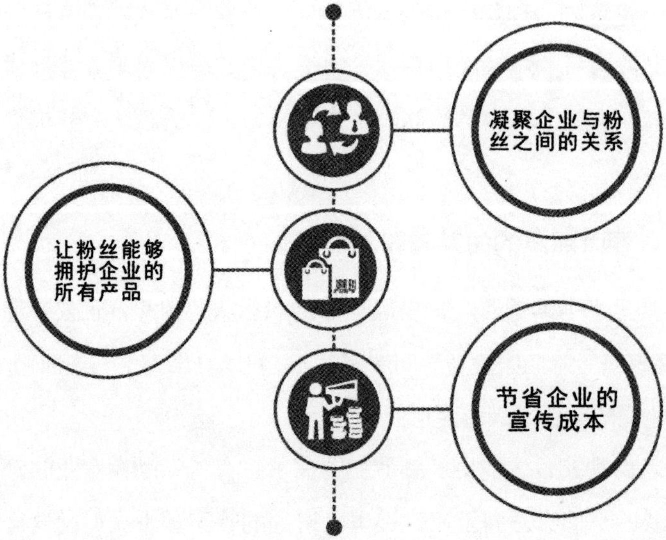

在“互联网+”时代，很多企业都开始尝试运用这种方式，让粉丝成为新产品的发布员，通过粉丝的力量来让传统企业迅速成长，制造出粉丝经济。

通过互动将粉丝联结起来

很多产品的销售状况不好，并非是产品本身的问题，而是因为缺乏有力的宣传。从 2014 年开始，传统企业一窝蜂似的扑向微信朋友圈，纷纷希望借助粉丝的力量来为企业谋求一条新的发展道路。只是，粉丝真的有这么神奇吗?

其实，粉丝效应只是口碑营销方式的一部分，希望借由一批人对某个产品的热衷所引发的“躁动”，来引起非粉丝用户在好奇心的驱使之下去查看该产品,从而为企业带来大量的用户流量,再借助舆论的力量让更多的人认识、了解企业的产品，最后产生购买的欲望。粉丝效应所引发的这种现象，不是由一个、两个粉丝能够带来的，而是需要成千上万，甚至更多数量的粉丝一起才能够带来的。

将粉丝联结起来最好的方式就是通过互动。这个互动有两个方面，一个是企业与粉丝之间的互动，另一个是粉丝与粉丝之间的互动。互动的前提是必须给粉丝制造出真正的参与感，才能塑造友爱的互动。

在《参与感》一书中有这样的说法，真正的参与感绝对不仅仅是互动，而是塑造一种友爱的互动。让粉丝发自内心的热爱你的产品，才能发自内心地去推荐你的产品。由此可以看出，互动是必要的，如何塑造友爱的互动则是互动的标准。

在互动的方式上，企业可以采取线上与线下的两种方式共同进行，最大程度地将粉丝联结起来。

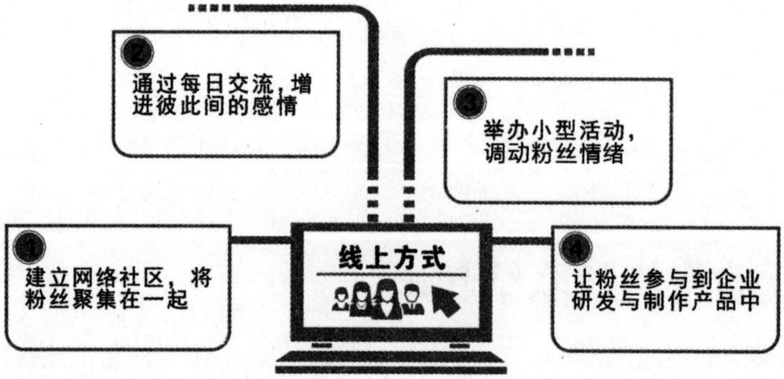

在线上，企业可以通过建立网络社区，先将粉丝聚集在一起。然后借助每日的交流、沟通，增进彼此之间的感情。再定期做一些线上的活动，将粉丝的热情调动起来。也可以设置不同的奖励给一些活动的参与者和获胜者，以此让社区里的氛围活跃起来。

经常以这样的方式引起粉丝的关注，让这些粉丝养成关注社区内动态的习惯，然后再慢慢将粉丝的目光吸引到企业本身及企业的产品上面来。这样，不仅能让粉丝对该企业和产品有更为清楚的了解，也可以在不知不觉中加深粉丝对企业的忠诚度。

企业通过一次次的小型活动将粉丝的情绪调动起来之后，再适时举行一些比较大型的活动，让粉丝参与到产品的设计、研发和推广中来，可以继续提供一些奖励作为给粉丝的鼓励。这样逐次将活动力度加大，直到粉丝的热情被完全点燃。

同时，我们也可通过线下举办的一些实体活动让粉丝从网上走到现实生活中来，让粉丝之间更加熟悉，加深对企业的了解，这样会更容易将粉丝联结在一起，将粉丝和企业联系在一起。如果有机会，通过近距离的了解，加深粉丝们对企业的印象，从而使他们对该企业更加放心，这就是眼见为实的作用。

随着粉丝之间慢慢熟悉，彼此相处会更加融洽，这时就可以让他们参与到和企业相关的各种活动中来，充分调动粉丝的兴趣，增进粉丝与企业，粉丝和粉丝之间的感情。

不过，线下的活动相较于线上会更难操作，如何能够在线下保持粉丝的热情不是一件容易的事情。

当企业有了足够的粉丝之后，要注意管理好这些粉丝。企业只有通过对这些粉丝进行有效管理，才能真正刺激粉丝效应，为企业的产品和服务带来足够的效果。

我们来看下面这张图。

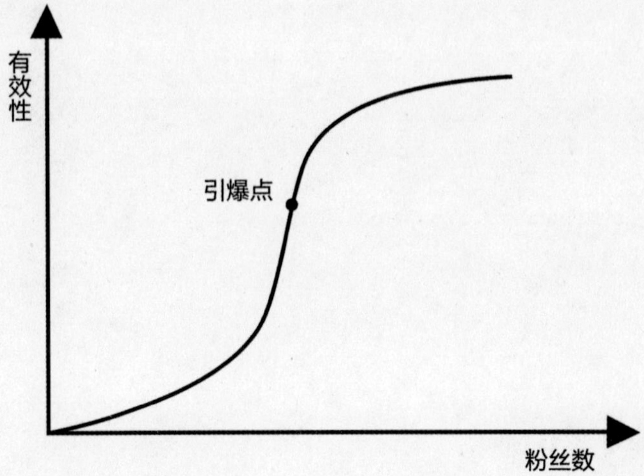

粉丝数量越多，越会有效果。而只有当粉丝的数量到达一定的值，效果才会起到质的变化。而这个数值，我们称其为“引爆点”。只有到达了引爆点之后，营销效果才会比之前的高很多。

在互联网时代，一切的发展都是如此迅速，即使能够快速积累到粉丝，但这些粉丝也会容易受到其他企业或产品的影响，转而去支持竞争对手。如果企业不经常与粉丝进行互动，别说难以将他们联结在一起，恐怕还会失去他们的支持。

深谙粉丝力量的企业都会想方设法去争取更多的粉丝，也都会以不同的方式去留住粉丝。沟通是连接彼此最好的方式，在互联网时代也是一样。企业需要通过互动的方式经常与粉丝交流、沟通，及时了解他们的需求，并不时地满足他们的需求与期待，这样才能让粉丝对自己“死心塌地”。相反，如果企业不经常通过互动跟粉丝进行交流沟通，久而久之，便会导致大量粉丝流失。

扩展粉丝圈，推动品牌营销

互联网时代，同时也是偶像的时代，更是粉丝的时代。只要有事件发生、有舆论的地方，就会有粉丝。这些粉丝中的一个人虽然不能有多么大的影响，但是，到了一定数量的粉丝却足以影响一件事情的走向，甚至一个企业的发展与灭亡。

这决不是危言耸听，粉丝效应的影响力能够将他们所喜爱的人或产品推向顶端，同时也能将一些人和企业砸到谷底。

很多企业都意识到了粉丝的作用，开始不断挖掘新的粉丝，竭力将粉丝力量发挥到极致，从而推动企业的发展。粉丝是企业忠诚的消费者，如果不断扩展粉丝圈，当然可以推动产品的品牌营销，为企业树立口碑。

那么，在实际操作中，企业该如何扩展企业的粉丝圈呢？

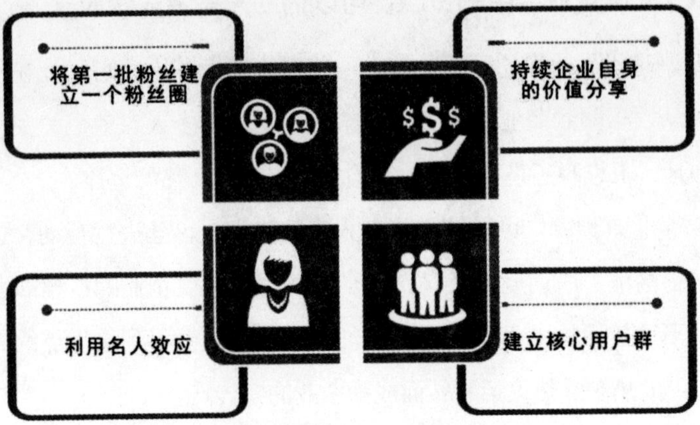

首先，获取第一批粉丝，建立一个粉丝圈

打造好第一批粉丝很重要，因为在每个粉丝背后，都还隐藏着许多潜在客户，这些客户可以是粉丝的同学、朋友、亲人，也可以是他周围的人。当企业拥有了第一批忠诚的粉丝之后，这些粉丝也会将他们看到的企业产品分享给他们身边的人，从而带来更多的粉丝，扩大粉丝圈。

因此，企业要确保第一批粉丝具有很高的活跃性与忠诚度。这样，这个粉丝圈才能对企业的活动、宣传有更高的价值，才能充分调动其他用户的积极性，为企业带来好的口碑。

其次，持续企业自身的价值分享

当第一批粉丝带来更多的粉丝之后，便会有越来越多的人关注该企业的发展动向。如果企业给粉丝提供的内容不够丰富，不够新颖的话，就很难让他们再持续关注企业。企业需要通过与粉丝共享有意义的内容等互动方式，来维持粉丝对企业的热情。

只有当粉丝认同了一个企业及其产品自身的价值和理念，才会对其义无返顾地追随。

再次，根据企业手中的资源，可以借助一些名人效应

互联网时代是偶像的时代，借助一些名人的影响力，可以让粉丝的凝聚力更强。从娱乐圈到商业圈，名人通常都会受到更多人对他们的关注，如不管是吴亦凡，王思聪还是罗振宇，都同样受到粉丝狂热的追捧。

如果企业有预算，可以请一些名人来助阵，与粉丝进行互动，这会让粉丝的情绪更高涨。所谓爱屋及乌，这个方法对于扩展企业的粉丝圈会有极大的帮助。不过普通的中小企业或者初创企业恐怕是做不到这一点的，那么可借助网络上的热潮或热议话题转而成为企业的宣传点。

在利用名人效应的问题上，企业需要注意的是，借力的名人尽量要与企业自身的品牌形象相一致，谨慎用人，避免为企业带来负面影响。

最后，建立核心用户群

当粉丝扩展到一定数量之后，就可以帮助企业推动品牌营销了。核心用户群也可以说是企业的铁杆儿粉丝，他们会帮助企业进行推广、营销，还能帮助企业打造更大的粉丝圈。有这样的核心用户群，无论是对企业的品牌营销还是长远发展，都有很大的促进作用。

粉丝对于企业的作用是不言而喻的，如何扩展粉丝圈，也成为了企业需要深入探索的问题。因为，粉丝的数量越多，对于推动企业的品牌营销好处越大。一个品牌能成为被人所熟知的大众品牌，靠的就是用户的力量，也就是粉丝的力量。

当大量粉丝都去购买同一个产品时，这个产品的热度和销量就会直线上升。通常情况下，大多数用户在购买产品时都是盲目的，哪个品牌被提及的最多，哪个品牌销售的好，就会选择哪个品牌。这个效果类似于广告效应，但是又比传统广告更真实，效果更好。比如，当我们面对两个都没有使用过的陌生品牌时，肯定会首选之前在某个广告上见过的品牌。同样，用户也会购买那个周围朋友都会购买的品牌，而这就是人们消费时的从众心理。

扩展粉丝圈的意义

扩展粉丝圈，推动企业的品牌营销，其实利用的就是用户的从众心理。企业要想借助互联网推动品牌营销，就应积极扩展属于本企业、本品牌的粉丝圈。

③.利用数据分析，做精准营销

大数据是互联网上的核心技术之一，而我们也一直认为数据是企业运营过程中最重要的基本要素之一。

借助大数据技术，能为企业提供更为强大的信息搜集和分析能力，为企业的各项决策提供数据支持，同时这也是开展新时代精准营销的重要条件。

对营销渠道和推广做“减法”

在互联网时代，网络的便捷让企业的营销方式不再单一，营销渠道也在大量分化。选择越多，反而不知道该如何选择，一时间，企业在五花八门的推广方法和营销渠道中迷失了方向。

所谓适合的才是最好的。如果企业继续停留在这样的环境当中，没有准确的营销目标和方向，只会被各类新式营销渠道牵着鼻子走，最终迷失在“互联网+”中。

那么，该如何在这么多的推广方式和营销渠道中选择适合自己企业发展的推广方式和营销渠道呢？

答案其实很简单，当企业无法看清那么多的推广方式与营销渠道哪个更有效时，不如学会做“减法”。

企业做“减法”就是要舍去那些不利于企业发展的营销渠道和推广方式，找到最适合自己的。对于那些已经无法适应互联网时代的营销渠道和推广方式，企业就可以毫不客气地将其舍弃掉。例如，可以先将相对低效和不适合的渠道减去。对于大量的初创型的企业，可以暂时舍弃那些传统的线下渠道，如展会、杂志、报刊、电视等，因为这些渠道用户群的覆盖率和触达率相对较低，获取单个用户的费用较高，在这些渠道上的推广只会增加企业的运营成本，最后并不一定能见到效果。

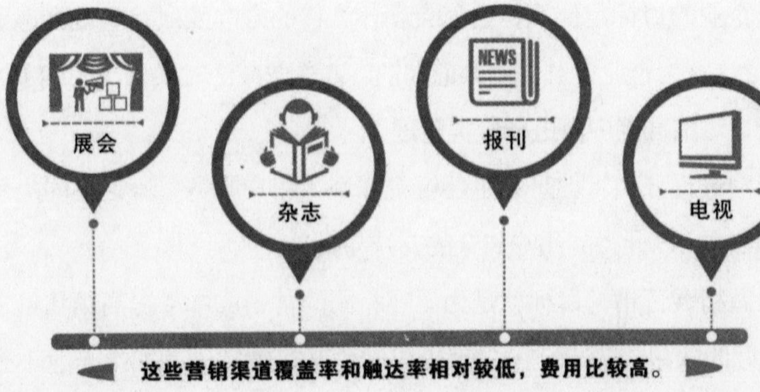

在大多数情况下，企业应当主要聚焦在线上渠道，从线上渠道中选择几个主要的渠道，然后再从中减去那些占用企业大量资源和时间成本以及人力成本的渠道，这样一来，就为企业减去了很多营销渠道和推广方式，让企业将主要精力放到主要的营销渠道上来，这样就会更容易成功。如果在几条渠道上暂时无法取舍，那么可以先统计好各条渠道上的数据，在分析了各自的曝光率、成单率、转化率等数据之后，企业就可以从中选择最优的渠道，或者调整资源的配比。

企业的目标是要做精准营销。在看准了一个营销渠道之后，企业就可以做精细的推广，从而得到更加有效的结果。

企业对营销渠道和推广方式做减法，其目的也就是要做精准营销。

首先，企业要有精准的目标，这样才能找到精准的用户

无论是在哪一个发展阶段上，企业都要做到目标明确。

一个企业的目标是什么，它就会朝什么样的方向发展，也就会遇到什么样的用户。这就为企业在对营销渠道和推广方式做减法时又再次明确了方向。

其次，对精准用户再进行分类管理

将用户进行分类管理是为了能够更好地为用户服务，满足不同类别用户的个性化需求，以此得到用户长久的支持与拥护。

企业做精准营销，目标就是为了在相同的营销成本下提高销售量，让营销达到最好的效果，为企业的发展提供较为坚实的基础。如果企业不去对自己的营销渠道和推广方式做“减法”，就会把资源分散到各个渠道，即便能为企业带来更大的收获，也会使得企业对每一个营销渠道都挖掘得不够深。

在互联网时代，企业可以利用数据分析来精准定位用户群，针对性地对营销渠道和推广方式做“减法”，从而用最小化成本满足企业的营销需求。

针对用户需求，提供个性化服务

在今天的互联网上，用户的需求每时每刻都在发生着变化。不管是主动需求还是被动需求，都在这个信息高速传播的环境下不停地发生着转变。

信息技术的高速发展，使信息的更替节奏不断加快。一件事情可以快速成为热点，也可以快速从人们的视线中退出，被下一个热点事件所取代。在今天，用户信息不是太少，而是太多，每天都在被动地接受着大量的不断变化的信息。

产品也是如此。在互联网的影响下，产品的更新换代非常快，快到让用户目不暇接。当用户开始慢慢适应一件产品时，马上又出现了新的同类产品或升级产品。

随着产品的不断升级换代，用户的需求也在慢慢地发生着改变。为此，很多企业又开始陷入一种迷茫状态，怎么才能够快速地满足用户不停变化的需求呢？

例如，传统酒店和主题酒店区别就在于：一个只是满足了用户的基本需求，而另外一个则既满足了用户的基本需求，又给用户提供了一些个性化的服务。满足了用户的个性化体验，自然会更受到用户的欢迎。美国提供短租服务的Airbnb公司，他们除了能够提供各式各样的空闲房屋给用户，以满足用户个性化需求外，还能够让用户可以随时随地从移动端和网站上进行房屋挑选，而这也是Airbnb能够快速崛起的原因之一。

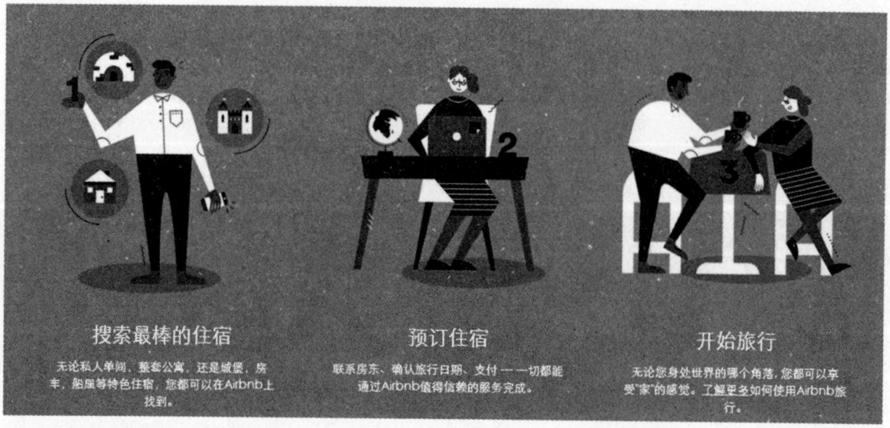

其实，用户所需要的个性化服务并不只是表现在一个方面，而是通过多方面展现出来的。

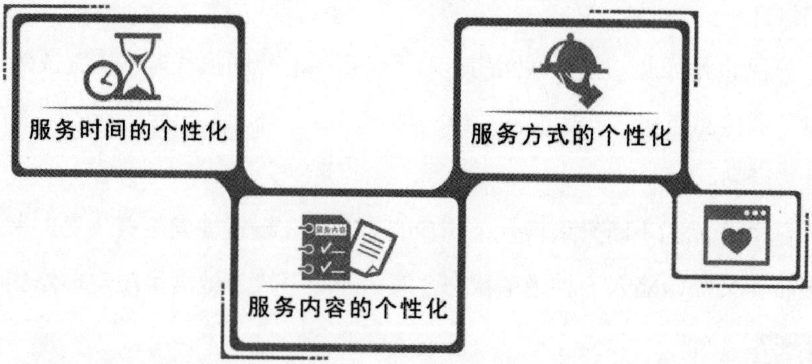

（1）服务时间的个性化

现代生活中，生活压力加大，生活节奏加快，人们的生活也变得不太规律。而人们对于服务的时间和地点也有了更严苛的要求，要的不仅仅是某个服务，而是在特定的时间和特定的地点享受这个服务。

企业只有主动满足用户对于时间上的个性化服务需求，尽量做到随时都可以满足用户，才能让用户一直忠诚于这个企业。

（2）服务方式的个性化

对于服务的方式，每个人都有不同的偏爱。例如，当用户在网上购买了一台电器，他就会问售后的方式是什么，是线上维修还是线下维修。这两种维修方式各有优缺点，不同的用户也会选择不同的服务方式。有些用户所住的地方没有维修点，那么他肯定是希望能够通过线上维修，将电器寄回给卖家，由卖家来维修。而对于另外一些用户，他们所住的地方附近就有维修点，他们就会选择在线下进行维修，不需要浪费时间在等快递上面。

因此，企业应充分考虑用户所需服务的差异性，而提供不同的服务方式。只依靠一种服务方式，不给用户提供选择权的企业是没有优势可言的，必然会被其他企业所取代。

（3）服务内容的个性化

众所周知的海底捞火锅，就是以其独特的服务内容赢得了消费者的青睐，从而在品类众多的火锅店中脱颖而出的。比如，顾客在等餐的过程中，可以免费享受到店内提供的美甲、按摩和足浴等服务；在开始入座的时候，戴眼镜的顾客就会收到服务员提供的眼镜布，方便其在用餐时擦拭掉镜片上的热气；而在用餐结束之后，顾客可以把里面自己喜欢的甜食、餐点打包带走。这样贴心的服务，也只有海底捞能够做到，所以它成功了，其服务也成为了不可复制的神话。

企业也是一样，能够提供给用户何种内容的服务，就决定了能够吸引到何种类型的用户，以及吸引多少数量的用户。

有些用户喜欢内容比较烦琐的服务，认为这样的服务才有享受的价值，他们也有很多时间去享受。另外一些用户则会选择比较简单的服务内容，他们认为这样既可以享受到服务，又节省了时间。时间成本对于每个人来说是不一样的，这就决定了他们对服务内容的要求也不同。

企业可针对用户的不同需求，来为用户提供个性化的服务，以满足用户的需求，进而赢得用户的信赖与依赖。我们由此也可以看出，这种个性化的服务就相当于现在比较流行的“私人定制”。现代化“私人订制”之所以这么火，正是因为它抓住了用户的需求点。同时，私人订制的产品可以彰显出个人的思想、喜好和风格，是用户的个人化标签，在倡导人性的互联网时代，自然会受到用户的喜爱。

互联网时代是一个充满个性的时代，每个用户都希望能够拥有属于自己的“私人定制”，包括使用的产品、服务和售后等，都希望是与众不同的。企业也应看到用户的这种个性化需求，并且想尽办法来满足这些需求，只有这样企业才会在互联网时代占据主导地位，赢得用户的长久支持。

设计出好的“用户行为召唤”

用户行为召唤——Call To Action，是刺激、吸引用户产生购买行为的方式。我们认为这是做精准营销最关键的一个步骤。

通过互联网的方式来对企业的产品做营销，需要设计出好的“用户行为召唤”。企业通常都会花很多时间来设计产品的展示方式，而往往会忽略“用户行为召唤”。其实一个好的“用户行为召唤”，可以给企业带来更高的转化率和收益。

设计好一个或者一系列合适的 Call To Action（用户行为召唤）对于企业的营销策略是至关重要的。一个好的“用户行为召唤”可以让用户接踵而至。

设计一个好的“用户行为召唤”，可以从以下的几个方面入手：

- 你的客户是谁?
- 你的目标客户现在的痛点在哪里?
- 你可以如何解决这些痛点?

我们来看一个好的“用户行为召唤”的例子。下面的这个案例来自于 http://crazyegg.com。

当你看到图最上面从 $ 97 美元到 $ 37 美元到 $4 美元，很可能就会不由自主去点击下面这个按键，而两边的箭头也会让用户把注意力集中到这个按键上面。

当企业锁定了目标用户，了解了他们的需求和痛点，就可以设计出类似于上面的“用户行为召唤”来抓住客户。

4. 互联网模式下的“营销七步”

在本章中聊了很多关于营销方面的内容。最后来总结一下，在互联网模式下做营销的几个步骤：

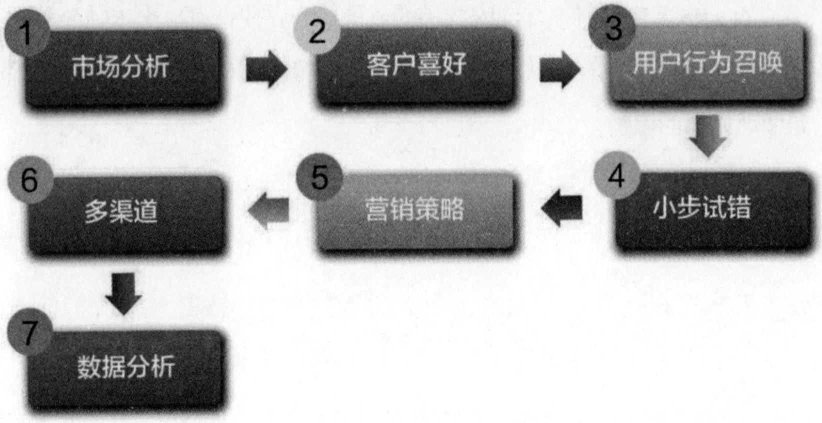

● 做好市场分析。

充分了解你的客户属性及定位，知道你的客户是谁。

● 弄清楚客户的喜好和习惯。

你需要知道客户喜欢什么，在什么样的方式下会为商品和服务买单。

● 设计“用户行为召唤”。

设计好一个或者一系列合适的 Call To Action（用户行为召唤）对于企业的营销策略是最至关重要的。一个好的“用户行为召唤”可以让用户接踵而至。

● 小步试错。

在做大规模市场活动之前，企业可以采用一些方式对小范围的客户做一定的测验，然后做必要的市场话术、销售策略甚至是产品本身的调整。

● 制定以数据为依据的营销策略。

这里的营销策略需要分解到不同的渠道、社区和人群。

● 多渠道营销。

根据企业的预算，让用户通过不同的渠道见到企业的产品和服务。

● 做好数据分析，随时调整策略。

养成随时看数据报告的习惯，用基于数据的决策来代替基于经验的商业行为。

这七步是我们对于互联网营销的看法。做好营销有很多不同的方法，“条条大路通罗马”，我们认为只要做好自己该做的事情，令人满意的营销结果是顺理成章的事情。

第六章

“互联网 +”的先行者

当很多人还在观望等待的时候，一些敢于创新的企业已经开始了实践。这些“互联网 +”的先行者，无论是成功还是失败，都是这个时代的英雄。

1.“+互联网”不是“互联网+”

在“互联网 +”这个概念被正式提出和解读之前，很多传统企业已经在或多或少地运用互联网的技术和工具来处理经营和管理中面临的一些实际问题。不过准确来说，这些传统企业对于互联网的运用并不能算真正意义上的“互联网 +”，而应被称为“+ 互联网”。

尽管这看起来只是符号顺序上的小小变动，但是“+ 互联网”与“互联网 +”的内涵却有着天壤之别。“+ 互联网”主要体现在工具和技术的使用上，传统企业在保持经营思路和业务流程基本不变的情况下，运用一些互联网工具来改善企业效率。而“互联网 +”的意义不仅仅表现在对于互联网工具大规模、系统化的应用上，更重要的是体现企业在经营理念和方法论上的变革，以及互联网思维在企业经营上的应用。

例如，传统企业会建设企业网站，在互联网上做营销。这是为了通过互联网的渠道将企业及其产品更好地推向市场。但企业在产品和流程上并没有本质上的创新，所以这算不上“互联网 +”。

而所有能称得上“互联网 +”的产业都伴随着巨大的行业变革。以金融行业为例，“互联网 +”的模式直接催生了 P2P、众筹等新兴的细分市场，不仅影响了金融行业的发展，也改变了公众的投资理财途径和意识。

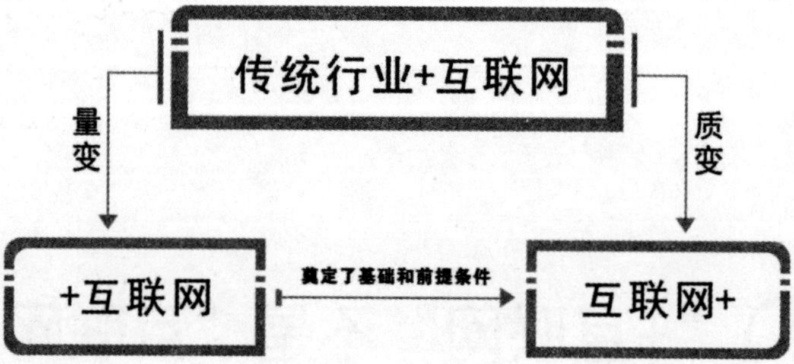

我们现在来看下“+ 互联网”与“互联网 +”之间的具体差异：

（1）两者的互联网技术应用程度不同

“+ 互联网”所运用的大多是一些浅层的互联网技术，以实现简单便捷的应用，其使用范围很多时候局限在行政管理、人力资源和宣传推广上，偶尔涉及核心的业务，也通常是作为工具被使用。

而“互联网 +”领域的企业则会关注互联网 2.0 下的各项前沿技术，如移动互联、人工智能、云计算、大数据和物联网等，同时会在企业各个核心环节中充分运用这些技术。这些技术运用的目的是为了让“互联网 +”能够迸发出更强大的创新能量。

（2）两者变革的方向和效率不同

“+ 互联网”是自下而上的变革，企业应用互联网技术的出发点往往是从非关键性的环节着手，逐步将互联网技术注入到企业运营中。

而“互联网+”则是自上而下的改革，直接在企业发展战略中注入互联网的基因和思想，然后再逐级贯彻，从而拉动整个企业的创新发展。比起“+互联网”的小修小补，“互联网+”相当于直接更换了企业的马达，让企业以前所未有的速度发起冲刺。

（3）两者的创新方式不同

“+ 互联网”更多是立足于企业自身的“顺势创新”，企业用互联网的形式实现被动化的创新，不足以把企业上升到一个全新的高度上。

“互联网 +”则是立足于用户、立足于市场的“革命性创新”，企业通过发掘用户和市场的需求方向，运用互联网工具和思维去实现主动创新，生产出新的产品和服务，这些创新甚至能够引起“行业大地震”。“互联网 +”不仅有益于企业整体能力的提升，也能使企业脱胎换骨，甚至找到自己的蓝海。

从当前的时代特点和商业环境来看，“互联网 +”具备更强大的潜力和动力，但这并不意味着“+ 互联网”没有任何用处。对于一些有特殊性的，难以实现大刀阔斧改革的传统行业，通过“+ 互联网”逐步创新，可能是一种更稳健的互联网探索之路。

对于想要实现“互联网+”的企业，必须能清晰地辨识“互联网+”与“+互联网”的区别，从企业的根本出发，制定企业的创新战略。如果只是在“+互联网”的道路上不断绕圈，在一些皮毛上下功夫，那么就会错失最佳的发展机遇。

2.“互联网+”的案例分享

市场中永远不缺少敢于探索、敢于创新的先驱，各行各业对于“互联网 +”的大胆尝试从未停止过。通过学习这些在“互联网 +”探索中取得一定成就的先行者们的案例，不仅能帮助企业对“互联网 +”有更精准、更深入的认知，也能更成功地推动企业“互联网 +”的步伐。

互联网 + 金融：Lending Club 和 Kickstarter

互联网 + 金融，就是把传统的金融交易模式与互联网工具相结合，通过互联网的便捷与创新，将传统金融推向一个全新的发展平台。

在国内金融领域,有不少创新的互联网金融公司,有一些发展得相当不错。不过为了更好地讲述“互联网 +”在金融领域的概念，我们选用了两家美国的互联网创新公司，Lending Club 和 Kickstarter，来做说时。

与机会并存的是风险，而如何把控风险是互联网金融公司必须要向传统金融公司学习的，也是传统金融产业向互联网转型过程中最需要关注的问题。

在互联网金融领域，P2P 可能是有最多话题的一个概念。一方面市场上有借款需求，而另一方面，市场上又有大量的闲置资金存在。于是在中国的热土上，P2P 产品如雨后春笋一样应运而生。从 2013 年开始，平均每天都有至少一家 P2P 网站上线，而每周也有很多 P2P 网站悄然关门大吉。

在未来三年至五年内，我国有可能会成长出几家巨型的线上线下相结合的 P2P 公司，形成新兴的互联网金融产业集群。然而监管上的真空使得短期内 P2P 平台鱼龙混杂，“卷款跑路，挪作他用”的现象时有发生，导致投资者损失惨重。

P2P 其实是分享型经济（Sharing Economy）在金融领域的一个延伸。所谓分享型经济是指参与者们共同分享产品或者服务，而其中的每一个个体并没有对这些产品或服务有自己独立的所有权，即“使用而不占有”。P2P 的概念是从互联网上延伸出来的，因为在 P2P 借贷出现之前，还有 P2P 音乐、

P2P 视频、P2P 住宿、P2P 租车、P2P 购买等等。

分享型经济这个概念最早是在 1978 年由 Marcus Felson 和 JoeL. Spaeth 提出的，而在 2007 年由英国的 Ray Algar 创造了 Collaborative。在 2010 年，Rachel Botsman 和 Roo Rogers 再一次重新包装和倡导了这一理念。Consumption（协作消费）一词，并被不少学者和媒体推崇。这个概念的主旨是“我的也是你的”，倡导的是新社会经济环境下的消费革命理念，同年这个理念被美国《时代》评为十大将会改变世界的创意之一。

分享型经济，换成一个更容易理解的说法，就是“共享的社会”。

美国最出名的 P2P 借贷公司有 Lending Club 和 Prosper 等， 前者的域名是 https://www.lendingclub.com，而后者的域名是 http://www.prosper.com/。

在各家 P2P 网贷公司中，Lending Club 可能是最具有互联网属性的，他们在考虑贷款安全性的时候看中的是 SNS 社交平台的高传播特性及朋友之间的互相信任，进而再使用 Facebook 应用平台将出借人和借款人聚合在一起。

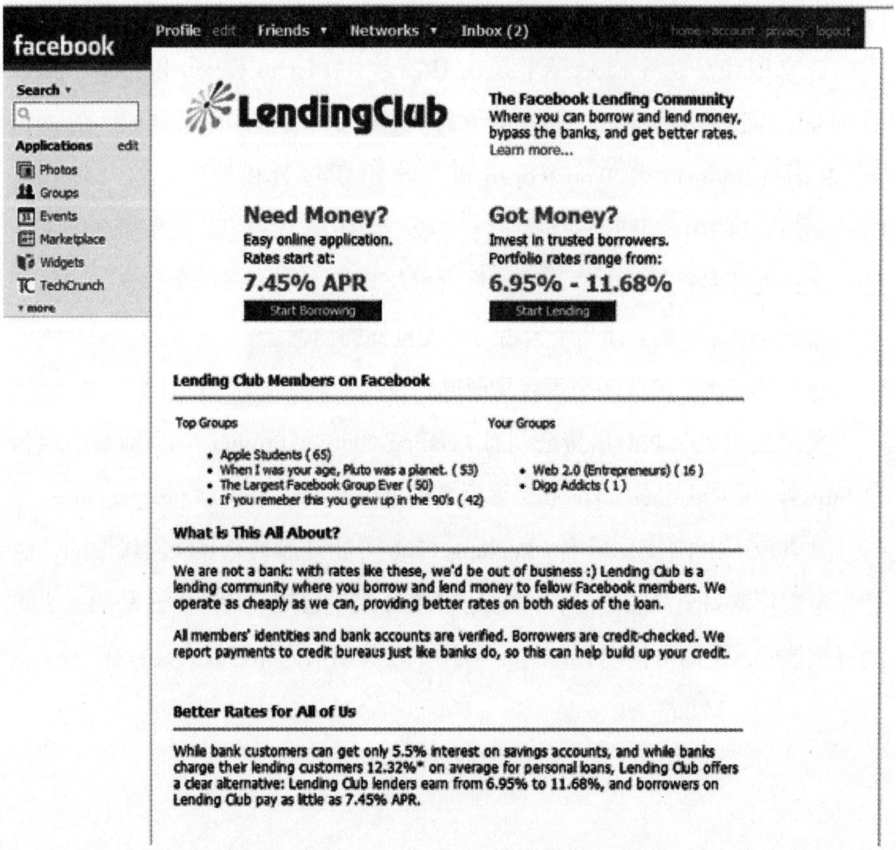

上图是 Lending Club 在 Facebook 社交平台上的页面。

Lending Club 将借款人按照信用分为从 A 到 G 7 个不同等级，每个等级中有 5 个子集，总共 35 个贷款等级。而针对每个不同的级别，都有一个不同的借款利率。当然是借款人的评级越高，贷款利率越低。

如果在 Lending Club 信用等级为 AA 的客户，每年会损失的比例是 0.00 — 1.99%，如果是等级为 D，那么每年会损失的比例是 9.00% — 11.99%。Lending Club 的统计表明，如果放贷人投资 100 笔贷款，遭受亏损的概率是 1%；投资 400 笔贷款，遭受亏损的概率是 0.20%；投资 800 笔贷款，就基本上不可能出现亏损。

我们认为，目前在中国 P2P 借贷还没有能够蓬勃发展最主要的原因有三个：

- 尚无有公信力和第三方数据平台
- 普遍存在的诚信问题
- 对创新金融模式的接受度

现阶段，国内 P2P 监管正常也没有明确的监管部门，P2P 平台的数据工作还处于一个初级阶段，特别是缺乏数据和业务的结合。不管是类目的细分，人群的定位，信用的评估，借贷产品的设计，项目选择工具，以致日常的运营等等，在各方面都还有很多工作可以开展。在这里，数据驱动的运营是一个很好的切入点。

P2P 借贷行业的门槛低、缺乏有效的政策规范和行业框架，仅仅用道德规范很难约束 P2P 企业。只有解决好法律体系和全行业规范化的问题，网络借贷平台才能长期的发展。

所谓的众筹（Crowdfunding），是利用网络良好的传播性，向网络投资人募集资金的模式。在募集资金的同时，达到宣传推广的效果。

众筹包括项目众筹、股权众筹和债券众筹等。项目众筹是最早的众筹模式，其实很简单：项目发起人在众筹平台通过视频、图片、文字介绍等把自己希望实现的创意或梦想展示在网站上，并设定实现这一创意或梦想所需要的目标金额及达成这一目标金额的时限，而喜欢该项目的人可以承诺捐献一定数

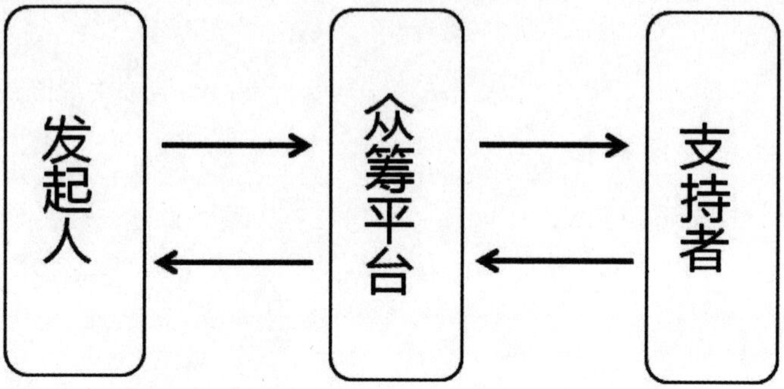

量的资金，并在该项目成立并实现盈利后，取得相应的回报。

把项目转成债权的形式，我们很容易把它做成标准化，因此项目众筹最简单的衍生模式就是债权众筹。

不过再进一步，把项目的相关公司做成股权众筹模式相对就没有那么简单了，这里存在政策风险和法律风险。

从某个角度来说，可以把众筹看成是直效行销的一种。直效行销（Direct Marketing）又名零阶通路，是指制造商直接将产品出售给消费者，使通路阶层降至零阶，减少中间费用，为消费者取得较低价格的销售方式。

KICKSTARTER

通过 Kickstarter 网站，任何人都可以向某个项目捐赠指定数目的资金，网站收取很低的佣金。比如：《人间世》是一个自筹资金的独立合作项目，由摄影家卡特琳娜·黑斯、作家拉拉·戴共同合作，通过图像与文本，探索了曼谷色情工作者群体的生活。该项目获得了国际上的广泛支持，并在许多空间和艺术节上展出，筹集的资金将直接用于《人间世》一书的印刷费用。她们需要募集的是 8,000 美元，结果很快就从 121 位支持者那里得到了 8,185 美元，使这本书成功地在美国出版，并且，其中一名赞助超过 750 美元的支持者被邀请参加在北京举办的发布会。

我们来看可能是 KickStarter 上至今为止获得最多支持的一个产品：Pebble 表。

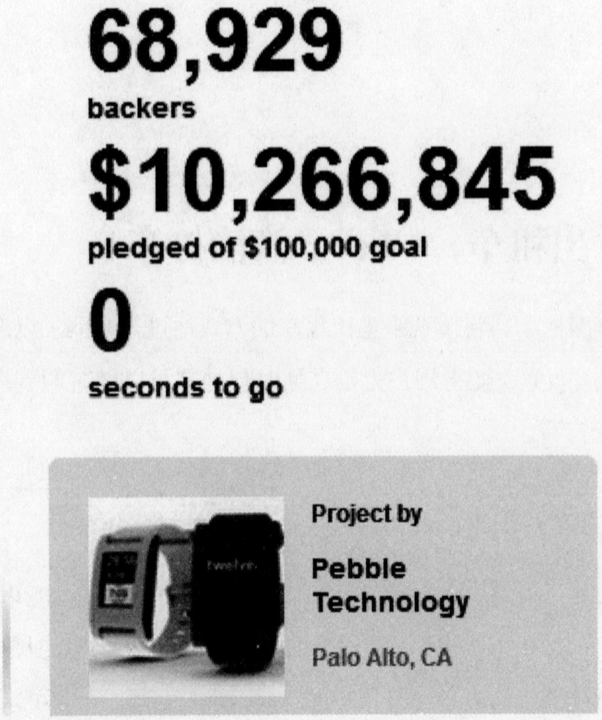

在 2012 年，他们只需要募集 10 万美金来做这款表，结果获得了 1，026 万美元的支持！当然，每个赞助 99 美元以上的人都可以获得一只市场价为 159 美元的表。借助 Kickstarter 的力量，Pebble 表一举成名，并成为 2014 年 CES 展会上的“十佳电子产品”之一！ 众所周知，CES（Consumer Electronics Show，美国电子消费品展）是全球最顶级的电子类展会，索尼、三星、飞利浦、苹果等知名公司都是全力参展的。

Kickstarter 不算是众筹平台的先驱，但应该可以说是目前最成功的众筹平台。

互联网 + 金融的模式将金融与互联网恰如其分地结合在一起，发挥各自的优势，以产生 1+1 ＞ 2 的效果。

互联网 + 出租车：Uber，滴滴打车

互联网 + 出租车，将传统乘坐出租车的方式通过互联网加以改善，Uber 和滴滴打车应运而生，使得用户无论在何时何地都可以随时叫到车，大大方便了用户的出行。

Uber 是一个按需服务的 O2O 应用。用户使用 Uber 可以在线上发送乘车请求，几分钟内便会有一辆私家车开到用户的面前。

Uber 最初是在美国投入运营，目前已经能为全世界 40 多个城市提供服务。

而滴滴打车是由原阿里巴巴的程维推出的与 Uber 相类似的打车软件。滴滴和 Uber 所解决的刚性需求都是用户的“打车难”问题。大家可以回想一下，在没有这两个打车软件之前，很多时候叫出租车是一件很困难的事情，特别是在天气情况不好和交通拥挤的高峰时刻。

无论是 Uber 还是滴滴打车，这种“互联网 +”出租车的方式使得人们的出行变得更加方便快捷，满足了人们的需求，这也是一个“互联网 +”的典型案例。Uber 和滴滴打车的出现，标志着连传统交通行业也开始受到互联网的影响。

我们来看看 Uber 和滴滴打车为我们带来了什么：

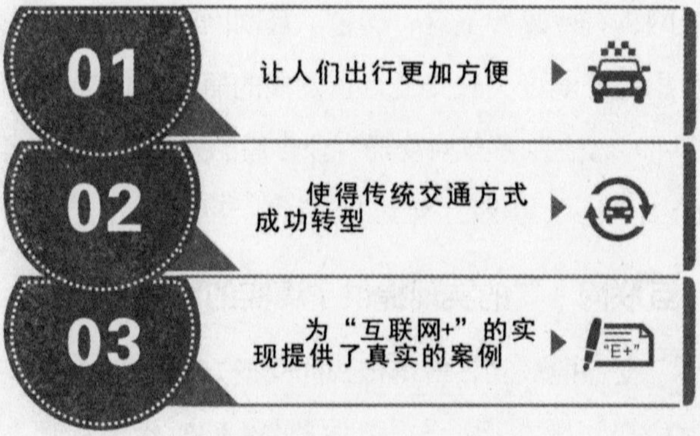

（1）让人们出行更加方便

Uber和滴滴打车的出现，改变了人们传统的乘车方式，让人们的出行变得更加便捷。在传统的打车过程中，最让人苦恼的问题之一就是不确定何时能等到车，尤其是处于上下班高峰期，可能需要花费大量的等待时间，不仅很容易耽误事情，还会影响自己的情绪。假若在一个交通不便利的地方等车，那么可能再久的等待也是徒劳。而Uber和滴滴解决了人们的打车难题，用户直接在线叫车，完全可以掌控打车时间。

如果真的有急事，那么可以在高峰期或者较难打到车时，采用加价方式在滴滴上提升叫车的成功率。根据供需关系，这种竞价模式使得坐车和开车的两方在车费上达成一个合理的妥协。

（2）使得传统交通方式成功转型

在互联网时代的背景下，传统行业正逐渐失去其主导地位，传统的交通行业也是其中的一个，而互联网正是改变交通传统的运行方式，促使其转型的主导因素。

现代城市生活的节奏不断加快，人们自然希望交通能够通畅。然而，现实情况下，交通的压力却一直存在，并不能有效满足人们的需求。而Uber和滴滴则利用互联网，有效改善了这一问题。互联网对于现代交通来说是发展的助力，只要利用的好就可突破交通行业发展的瓶颈，使其实现成功转型。有效利用“互联网 +”交通，不仅对交通行业今后的发展起到至关重要的作用，也改变着人们的出行方式，加深了传统交通行业与互联网相互融合的程度。

（3）为“互联网 +”的实现提供了真实的案例

“互联网 +”交通的成功，使得传统的交通方式和互联网都获得了一次重新认识彼此的机会，让二者融合得更加紧密，同时也为后续“互联网 +”提供了可供参考的真实案例，使传统交通行业与互联网能够更加快速地结合、融合。

“互联网 +”交通虽然促使了交通行业实现转型，但是其也有不足。

在滴滴打车刚刚兴起的阶段，为了吸引用户乘车和司机使用该打车应用，滴滴打车推出了一系列优惠政策，如首次使用滴滴打车立减 10 元，或者奖励用户 5 元到 20 元不等的红包，可以下次使用等。这些优惠活动虽然让滴滴打车在投入市场的初期就获得了广泛传播，但也让用户的注意力从互联网所带来的出行便捷上转移到了单纯的优惠活动上，这不利于培养用户的忠诚度。而当滴滴打车的优惠活动取消后，也确实有一部分用户表达了不满甚至因此放弃了该软件。

其实，不管 Uber 和滴滴打车的最终经营成果如何，这类打车软件都让交通行业在互联网时代下尝试了一种新的发展方向，对于传统的交通方式来说是一种新的挑战与机遇，是一次有意义的体验。

互联网 + 物流：骡迹物流，闪送，一号货车

经过过去十年的飞速发展，中国已经成为世界第一制造大国和电子商务大国，而电子商务撬动了物流，因此中国也成为了一个物流大国。

但实际上，我国物流行业的发展还有很大空间。我们来看下传统物流发展遇到的瓶颈：

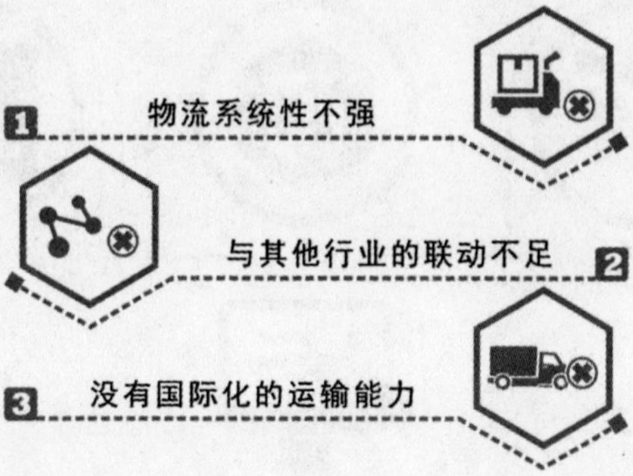

（1）物流系统性不强

由于当前基础设施的配套性和兼容性较弱，使得物流的系统化程度较低，不够集中，各家物流公司都是在分散、独自发展。这样便增加了整合物流系统和数据的难度与强度。

（2）与其他行业的联动不足

制造业和农业等输出商品的行业与商业贸易渠道的联动性严重不足，致

使物流运输速度慢、成本高。由于渠道不畅，信息不通畅，模式陈旧，从而使得物流制约了制造业的发展。

（3）没有国际化的运输能力

我国的国际贸易发展迅速，但是，与之相匹配的全球物流供应链体系却不完善。物流业整体的创新能力和可持续能力都不强，严重制约着全球化物流能力的发展，因此在跨国运输这块领地只能依靠国外的物流企业。

面对这些问题，物流业必须想方设法进行转型，寻找新的发展方向。于是，物流开始主动向互联网靠近，期待通过互联网来解决当下的瓶颈问题。这种“互联网 + 物流”模式的尝试便催生了骡迹物流、闪送和一号货车。

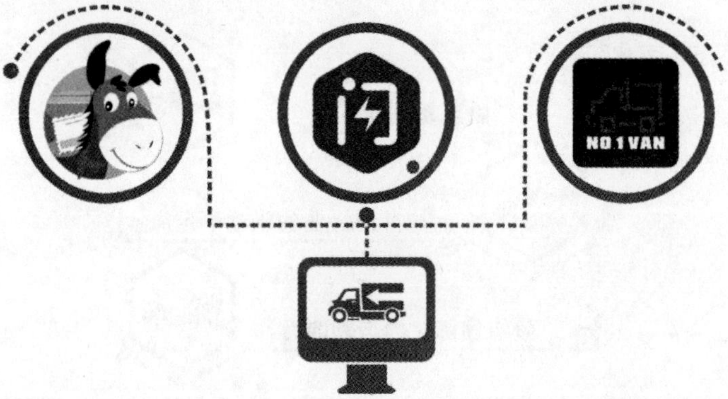

骡迹物流

骡迹物流，是一款专业的物流配货软件，通过运用移动互联网技术，为用户提供便捷智能的车找货、货找车的服务。

从设计和用户体验上来看，这款应用的服务和滴滴打车类似，也有简单易用的用户体验。

这款软件是利用GPS定位为用户智能推荐附近的货源、司机，同时利用统一的云服务，第一时间更新车源货源信息。为了方便用户使用，骡迹物流还提供了可以直接拨打电话、返程货源推送等功能，极大提高了物流行业的配货调车效率。

在2015年，骡迹物流平台上已经拥有200多万司机、货主用户，在主要的物流交通点附近都能匹配到大量的货车和需要运输的货品。

闪送

闪送，一种新型的快递模式，是在同城内为客户提供专人直送，平均送达时间控制在60分钟之内的一种限时送达方式。这种方式因其安全快捷，深受客户的喜爱。无论客户处在城市的哪个位置，或是需要运送哪种物品，只要在微信、APP或闪送官网成功下单，闪送员就近进行抢单，然后由唯一的闪送员专门完成送达任务。

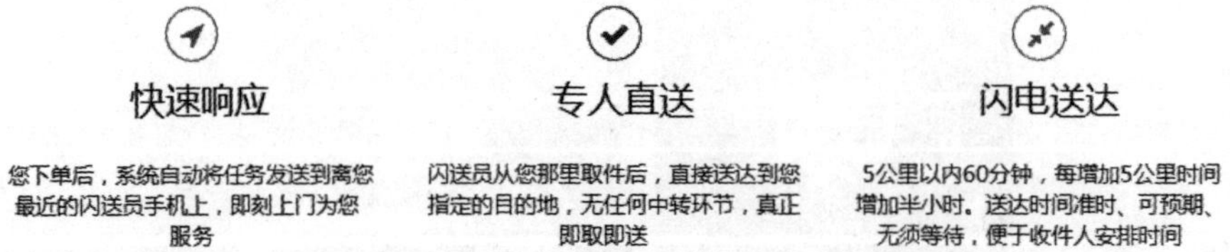

闪送是传统快递与互联网结合而出现的一种新型物流配送方式。线上与线下相结合，不仅处理、响应速度快，也便于客户随时下单，这是一种非常适合现代快节奏生活方式的同城快递模式。

一号货车

一号货车是一款免费的同城货运叫车平台，旨在通过移动互联网技术为同城货运的货主和司机提供高效便捷的业务连接方式。需要叫车的货主通过互联网在一号货车平台上选择出发地和目的地，根据报价选择司机，也可以自己出价，让司机抢单，司机接到单之后就立即前往货主所在地为货主运送货物。

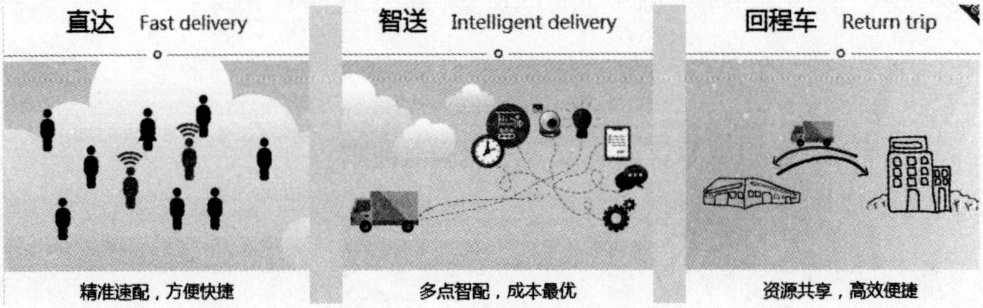

一号货车的性质和使用方式与闪送相类似，不过所运送的物品可以是多件或大件，而闪送一般提供的是少件、小件的物品配送服务。

骡迹物流、闪送和一号货车都是以“互联网＋”物流的模式，为用户提供更便捷、用户体验更好的物流服务。这些在创新形式上覆盖了原本传统物流做不到的领域，在一定程度上解决了传统物流的问题。

物流行业依靠互联网做到信息的及时性和准确性，同时能够积累丰富的数据资源，能够对未来物流运输的大方向起到指导作用，从而让物流更加智能化。但是，这三种新型物流运输方式只是一个开始，“互联网 +”物流还需要在其他领域进一步的融合、创新和转型。

骡迹物流、闪送和一号货车这类新型物流服务企业是对“互联网 +”物流模式做出的大胆尝试，如果能够对其继续深挖，将互联网与物流的最大优势发掘出来，对我国的物流行业将起到巨大的推动作用，也会对贸易和制造业做出巨大的贡献，对于整体经济增长具有显著的现实意义。

互联网 + 农业：褚橙

农业作为我国第一大传统产业，对我国的经济一直影响颇深，即便到了工业时代，农业的地位依然是不可取代的。

农业一直被视为传统行业，一提到农业，人们可能想到的是“面朝黄土背朝天”的情景。其实今天已经有很多人悄然走在了“互联网 +”农业的前面。

我们来看一个小例子。

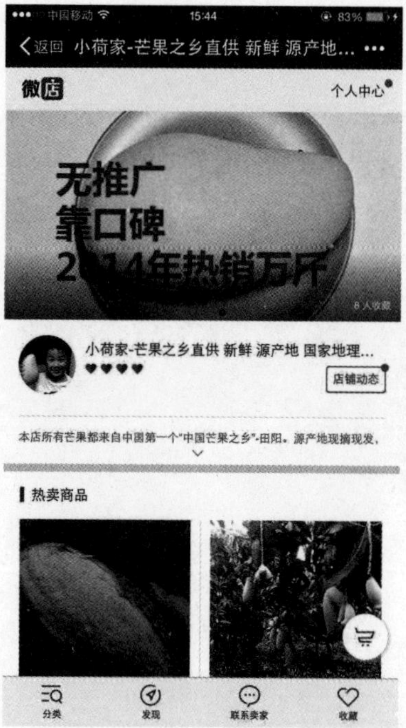

图片中的小荷是笔者的一个朋友。他从没有花过一分钱做推广，只是依靠口碑，很轻松地就在网上每年卖出上万斤的芒果。这在互联网时代之前是不可能的。

让我们来看更加知名的一个案例 ——褚橙。这个案例告诉我们，农业是完全可以与互联网相互融合的，只要对互联网使用得当，就能收到意想不到的效果。

褚橙

褚橙算是利用互联网思维成功营销的一个案例。

褚橙的创始人是褚时健，中国曾经的烟草大王。2002 年他从零开始，承包荒山，种植橙子。2012 年起，褚时健不时通过互联网来向外界传递自己的一些信息，在消费者对他进行关注的同时，自然也会对他种植的橙子产生期待。再加上他个人传奇的故事在互联网上一传十，十传百，最终当褚橙开始出售时，立刻就被抢购一空。

褚时健在互联网上发布各种内容，当然最主要的是关于他种植的橙子。例如，褚时健会发布一些消息，告诉网友们他时不时将一棵树上的橙子去掉一些，其目的只是为了让其他橙子成长得更好，保证每棵树上只结一定数量的橙子。这些消息的披露，让消费者对褚橙充满了浓厚的兴趣。

褚时健正是利用互联网信息传播迅速这一特点，在互联网上建立了销售渠道，使消费者并不需要亲自到云南去购买褚橙。

褚橙的成功案例，预示着传统农业也能进行成功转型，从此走上一条更加宽广的发展道路。“互联网 +”农业的出现，使得农业也变得时尚起来。这也说明了在传统行业中，大多数企业都可以与互联网进行融合，来帮助传统企业转型，让互联网的发展上升到另一个高度。在互联网时代，能够跟随时代发展脚步，让传统行业变成消费者更易于接受的销售模式，让生产和销售结合得更加紧密。

褚橙模式，在一定程度上帮助农业解决了发展方向的问题，是一个农业成功转型的典型案例。互联网将作为农业的依托，为农业的宣传与销售提供巨大的帮助。互联网也在一次次与传统行业相互融合的过程中，变得更加易于与其他企业融合。

褚橙的案例在一定程度上表明了“互联网 +”农业的成功。但是，它们的成功其实靠的最多的还是互联网营销。购买褚橙，很多人买的不仅仅是橙子，而是褚时健的精神，因此，褚橙又被称为“励志橙”。

互联网在农业上还有很大的发展空间，在一次次的结合实践中，农业会把自己的优势逐渐发挥出来，并通过互联网的模式给每一位消费者带来好处。这样，才是农业与互联网的真正融合，才能更好地实现“互联网 +”。

互联网 + 教育：可汗学院

在互联网高速发展的影响下，教育行业也受到了互联网的影响。互联网能够具备传统的教育模式无法完成的功能。只有在互联网上，才能够让来自世界各地的人同时进行分享、学习和交流。

将教育在线化，使得原来较封闭的学习氛围变得开放起来，这样不仅有利于学生之间的交流，也能让他们拓展学习思路，使眼光和思想不再受限于一个角度，对于提升学习效率很有帮助。

可汗学院 (Khan Academy)，是孟加拉裔美国人萨尔曼·可汗（Salman Khan）创立的一家教育性非营利组织，主旨在于利用网络影片进行免费授课。在可汗学院网上有关于数学、历史、金融、物理、化学、生物、天文学等各种科目的内容。

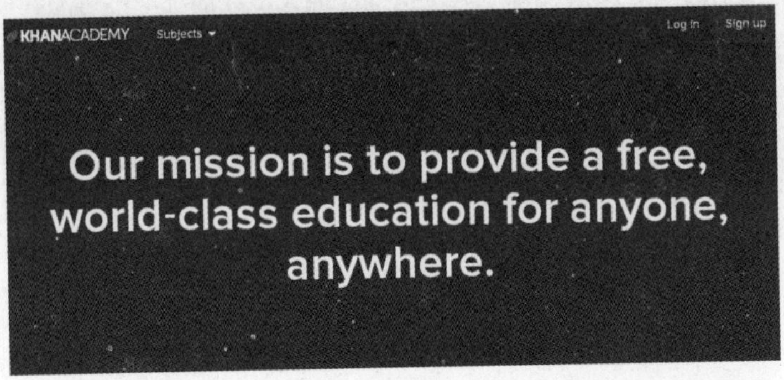

在可汗学院的首页，写着这样一句话：Our mission is to provide a free, world -class education for anyone, anywhere. 意为：我们的使命是让世界上任何

地方的任何人都可以学习免费的世界级课程。

2012 年，福布斯发表了一篇名为《一个人，一台电脑，1 千万学生，可汗学院如何重塑了教育》的文章，让可汗学院在一夜之间为全世界所熟知。

Forbes / Business

The Little Black Book of Billionaire Secrets

NOV 2, 2012 @ 10:00 AM 343,000 VIEWS

One Man, One Computer, 10 Million Students: How Khan Academy Is Reinventing Education

可汗学院的主要受众是 K12 (Kindergarten through twelfth grade) 的学生，这些学生通过可汗学院快速理解了原本对于他们很生涩的概念。

在传统的教学模式中，互动通常是单方面的，老师在讲台上面讲课，学生们在台下听课。在这种教学模式中，教师占主导地位，而教学的另一个主体学生则较为被动。这样做的结果一定是某些学生能够快速听懂老师讲课的内容，而另外一些学生在有限的时间内无法完全理解课堂上所讲述的知识。

教学的最理想方式是，根据每个学生的需求和学习能力的强度进行分析，然后制定出不同的教学方案，但这也是在绝大多数情况下不可能实现的方式。

通过互联网学习，可以使每个学生都能专享个性化的教学。个性化教学模式不但能够充分挖掘出学生的学习潜力，规范学生的学习习惯，而且还能够培养学生的学习能力。

通过互联网来传递给学生的信息，不仅使学习过程变得更加生动，还让学生更容易接受新知识。因为，学生总会对新鲜事物比较感兴趣。

在可汗学院的所有视频教程中，可汗学院的创始人 Salman Khan 自己就录制了近 3,000 个视频。互联网教育的变革需要真正的理想主义者，需要很多像 Salman Khan 这样的人。同样在其他领域在向互联网转型的过程中也只有这样有理想的人才能成功。

互联网 + 零售：顺丰嘿客

说起“互联网 +”零售，最具代表性的顺丰嘿客可以算是一家。顺丰快递作为快递行业的龙头老大，在 2014 年，却突然做起了嘿客这一新形式的社区便利店，着实让许多人摸不着头脑。

其实，顺丰做嘿客和阿里巴巴做菜鸟网络物流一样，都是为了利用自身的优势做跨界经营。

顺丰对嘿客的投入可谓是大手笔，先后共开设了 3,000 多家实体店，而且无论是地理位置还是内部布局，每一家店面都投入不菲。顺丰如此大张旗鼓地进军零售业，其目的之一是通过此举做 O2O 电商布局。

嘿客店内的海报、二维码以及墙中放置的都是虚拟商品，顾客通过手机扫码、店内下单即可购买。除了虚拟购物外，嘿客还提供 ATM、冷链物流、试衣间、团购预售等多项服务，确实是运用“互联网 +”对传统零售业的一次重大改革。

从嘿客到目前为止的经营状况来看，结果并不乐观。比如嘿客的购物流程并不简单，还不能做到快速送货上门，可选的货品种类也并不够多。其实，嘿客真正想要做到的并不是我们表面上看到的这些而已。

从大局上来看，顺丰嘿客已经有了“顺丰优选”和“顺丰海淘”两个运营得还不错的电商品牌，顺丰的速递更是快递行业的领先者，而顺丰金融又解决了支付问题。嘿客是顺丰完成“社区实体店 + 网购 + 快速配送”整体战略密不可分的一个组成部分。

作为社区零售店，顺丰嘿客有四大优势。

第一，口碑和品牌优势。顺丰的口碑在快递行业上是领先的。这么多年来，顺丰快递的品牌走的是信任、品质和放心的路线。

第二，物流资源优势。顺丰线下的物流线路和仓储已经经历了十多年的打造，在上面添加一些新的产品和服务要比竞争对手容易的多。

第三，商品优势。面向最终消费者的商家中大多数已经是顺丰的商家客户，选择其中哪些作为嘿客的货源商家，哪些商品作为主打产品应当易如反掌。

第四，客户优势。顺丰的四十万快递小哥就是顺丰一线的销售，他们每人每天都要接触上百名客户。因此顺丰很清楚在某个社区内哪些客户喜欢什么样的产品，客户的购买频率是怎样的，进一步的分析还能告诉你什么样的产品用什么样的方式销售给哪些客户是最有效果的。

顺丰究竟如何充分利用好他们的优势在线下社区站稳脚跟，让我们拭目以待。

互联网+地铁：智慧地铁

在国家大力倡导“互联网 +”的大环境下，在“电商换市”“月光经济”等政策的促动下，宁波市成立了“宁波智慧地铁科技有限公司”，专注于地铁资源的整合与挖掘，进行专项运作“智慧地铁”项目。

这个项目有趣的地方在于虽然说是“互联网 +”地铁模式，不过在实际运营中却可以看作是“地铁 +WiFi+O2O+ 移动金融”模式。

轨道交通在给市民、乘客带来便捷出行的同时，也带来了非常丰富的衍生资源。这些资源为轨道交通的可持续发展提供了一定的保障。大体来说，轨道交通资源包括广告（车站广告、车厢广告、移动媒体广告等）、商业（商铺、沿线土地物业开发等）、通讯、票卡、自助售卖机、报纸、银行终端设备、通道等等，甚至还可以深入分析乘客在地铁空间与时间去挖掘相关虚拟资源，如客流资源、WiFi 资源，如何最大化利用地铁资源是摆在经营者面前的问题。

宁波智慧地铁的总体目标是实现“将乘客变成顾客，将车站变成社区”。该项目依托并充分整合地铁资源，立足本地市场，以客户需求为导向，利用庞大的乘客乘车数据和顾客消费数据实现精准营销，提供面向地铁乘客及站点周边社区市民的“基于服务、拓展商业”的综合体验，倡导更具便捷、时尚、活力的生活方式，打造本地生活消费平台和支付平台，成为市民生活的入口。

地铁满足实现 O2O 场景的条件，原因有三：

一是有日益增长的大客流，轨道交通承担公共交通出行的比例将持续增长。比如广州市地铁运营量占公交运营总量的 40% 多，宁波轨道交通客流同样具有巨大的前景，持续增长的客流将会带来巨大的商机。

二是在乘坐地铁期间空间相对封闭，而对大多数用户来说占用的又是碎片化的时间。轨道交通具有空间封闭、环境良好，乘客可以利用碎片化的时间阅读、娱乐、游戏、购物，同时基于地铁出行衍生出公共设施、周边商业等需求。

三是同质化的消费群。轨道交通的乘客年龄结构、知识结构、智能化手机的普及程度相对较接近，与其他公共交通相比更趋于集中，具有一定的优势。

通过 O2O 生活服务以及移动应用分发的方式，搭建地铁 WiFi 的商业模式，为乘客出行提供更丰富、更实用、更人性化的服务是“智慧地铁”探索的一项重要内容。

宁波智慧地铁公众服务功能是一个 LBS（Location based service，基于位置的服务），整合当前的公共交通信息、公共服务信息，为乘客或市民提供多种交通工具的组合出行规划和信息查询，如基于两个地理位置间的换乘方案、公共交通工具的实时信息（公交、地铁、自行车、停车位）；以及基于测绘信息的周边公厕、银行、ATM、商业设施等。

商业服务功能是整合基于线网周边的商业资源信息，通过网购模块、团购模块、闪购模块和自营文化产品模块，将更广阔的商业经营服务渠道提供给商户、客户。另外，线上广告资源与地下空间传统广告资源相结合，还可以进一步挖掘和探索传统地铁商业的新价值。

在未来，宁波智慧地铁会进一步提升用户体验，紧盯用户需求并不断完善其相关功能，同时将通过移动支付打通线上线下渠道，扩展地铁线下店铺以及周边店铺的消费。以"智慧地铁"为切入点，充分整合沿线站点的土地资源、商铺资源、广告资源、视讯资源、房产资源等，推进形成多元化的地铁经济，形成商业蓝海。利用大数据分析，实现精准营销，加快推进运营模式定位及盈利水平，同时优化商圈规划及布局，提前介入地铁站点规划设计，实现"轨道交通，创造和美新生活"的宁波轨道交通愿景。

互联网与交通的共同发展取决于两者融合的程度，"互联网 + "地铁的模式可以改善人们的出行方式，让交通问题得到最大程度的缓解，无论是对出行者本身还是城市交通来说，都是有价值的。

互联网 + 制造：小米手机，海尔智能家居

中国经济转型的压力逼迫传统行业进行改革，制造业尤为突出。在经历了出口疲软和经济危机的情况下，很多传统制造型企业将目光锁定在互联网上面，意图通过互联网来获得一条新的发展道路。

我们来看几个例子：

前几年在市场上销售得很火的小米手机就是“互联网 +”制造业模式下的产品，小米的快速成功也充分证明了制造业与互联网相结合的可能性和正确性。小米手机从生产到销售的全过程无不是在利用互联网开放性这一本质，让网友可以“按需定制”，通过交互平台让用户参与到产品设计、测试等各个环节，吸引了众多“发烧友”的追捧。

这种让用户参与的方式，真正使用户体验到了“自主定义手机”的惊喜，增强了用户体验，这也是小米能够拥有众多发烧友的重要原因之一。而这一行为的实现，就是通过互联网平台，连接了生产商和用户之间的联系，让用户参与到产品的生产设计中来。

这种方式之所以能够取得巨大的成功，也是因为互联网时代的影响。如今用户的需求发生了变化，他们需要的不仅仅是产品，更需要一些个性化体验。参与感就是目前用户最渴望得到的个性化体验，而小米手机看准了这一时机，并付诸行动，最终取得了成功。

用户所期待的这种参与感其实也是受到了互联网的影响，传统制造业与互联网相加，让用户产生了极大的兴趣。本身就对互联网比较钟爱的用户，如果能够参与到自己产品的制作，自然会得到他们的大力支持。

用户的这种强烈愿望，也让自主定制这一商业模式迅速出现并普及开来，这也表明了制造业与互联网之间相互融合的可行性，并让用户的消费观与参与感得到了极大的满足。最重要的是，对于制造业来说，这是一次成功的转型，从此可以走上一条与互联网同步发展的道路。

海尔智能家居是海尔集团在信息化时代推出的一个重要业务，以U-HOME系统为平台，采用有线与无线网络相结合的方式，把所有设备都与网络进行连接，实现物物互联。然后通过这种物联网实现3C产品、智能家居系统等智能化识别、管理的共享，让用户在任何地点、任何时间都能通过打电话、发短信或上网等方式管控家里的电器。

海尔的这种智能家居的出现，真正将互联网技术融入到现实生活中，并投放在家用电器的应用上。例如，用户在外就可以控制家里的热水器，回到家就可以洗热水澡这一智能化体验，在“互联网 +”下便得以实现。海尔智能家居是计算机技术，网络技术以及控制技术向传统家电产业渗透发展的必然结果，随着互联网技术的高速发展和中国经济的飞速发展，人们对工作与生活的环境要求进一步提高，便期待一种更加安全、舒适、效率性更高的生活方式，而海尔的智能家居便满足了用户的这种需求。

海尔智能家居的出现是在互联网网速发展的背景下，依托于各项技术日益发展成熟而催生的一种创新产品链。如在传统的可视对讲、家庭防盗产品的基础上而研发出的智能家居等；在家电企业和IT企业发展的基础上，利用其渠道优势和市场影响力，加上多年积累的经营经验，为智能家居的推出与销售打开了出路。

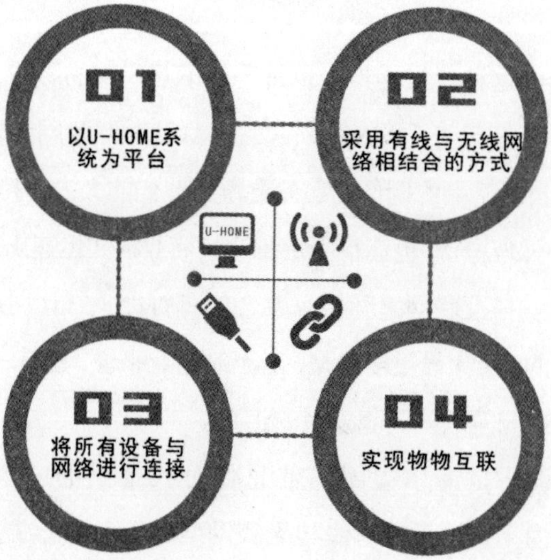

至此，制造业已与互联网完美结合，智能家居的出现就是最好的证明。小米手机和海尔智能家居的成功，是“互联网+”制造业的成功运行模式，而这也是制造业经营理念变革的成功。结合互联网思维，让传统制造业走上新的发展道路，这是两者相互结合的结果，也是互联网时代发展的产物。

小米与海尔智能家居的成功又再次为“互联网+”增添了成功范例，从这两个案例中我们可以看出，让传统行业与互联网相加的另外一种重点就是，必须要结合传统行业的优势，并让它充分发挥出来。然后再通过分析市场行情，了解用户的真正需求，满足用户的需求也是制造业与互联网相加能够成功的主要原因之一。传统行业加互联网，一定不能只靠互联网的优势，这是无数“互联网 +”的案例所呈现出来的一个真理。

在不久的未来，顾客将会全程参与到生产环节当中，用户的决策将会被遵循并依此制造出他们想要的产品。这也是所谓的 C2B 模式。

每一次传统行业与互联网的相加，都为“互联网 +”的可行性探索奠定了坚实的基础，他们的存在都是有意义且是必须的。在我们看来，并不是所有的制造型企业都适合做“互联网 +”的概念。每个案例都需从不同的角度做辨证分析，让传统行业与互联网认识到怎么融合才是有效的。也正是因为这些案例，或失败或成功，都留下了宝贵的经验，最终成为“互联网 +”发展道路上的铺路石。

结语：快速抢滩，决胜于互联网时代

自“互联网+”行动计划在两会被李克强总理写进政府工作报告后，有关互联网与传统行业融合的话题和探讨就层出不穷，在市场上无数讲述“互联网+”的书籍如雨后春笋般涌现而出。希望这本书不是一本迎合时尚的书，而是确实能够为你的企业转型或者互联网的创业项目起到一些帮助的商业书。

“互联网+”的出现，让传统企业看到了转型的希望，让传统企业可以在互联网时代也能够适应市场的发展，不被互联网时代的用户所抛弃。找到合适的切入点，互联网与传统企业就能够发生“化学反应”，从而使传统企业走上一条新的发展道路。

首先，“互联网+”是一个全新的商业思维模式。在互联网时代的快速发展下，人们越来越依赖互联网。正是看到互联网发展势头的强大，在传统企业发展过程中遭遇瓶颈的企业家们开始想方设法通过互联网来寻求企业的出路。在向互联网靠拢的过程中，有些传统企业家在商业思维模式上发生了转变，尝试将传统企业与互联网做深度的联合，从根本上改造传统企业。

其次，“互联网+”是市场的发展趋势。因为它能满足传统企业的需求，在与传统企业相加时，所得到的结果是大于二的，也就是说，互联网与传统企业并非是简单的相加，而是在他们中间发生了一系列的变化，才让传统企业得以转型成功。这主要是因为“互联网 +”改变了传统企业的一些不适合在互联网时代发展的劣势，如传统企业的商业模式、营销模式等，从而使之更适合互联网时代的发展，也更能满足用户的需求。当越来越多企业开始向互联网靠拢时，每家企业的效果是各不相同的。有些企业转型成功，有些企业则转型失败。当对传统企业和互联网结合案例做深入分析后，那些能够成功融合的企业，都可以冠以“互联网 +”的名目。

最后，“互联网 +”决定了未来市场的发展方向。当互联网与传统企业相互完美地融合之后，会带动传统企业走上一条更为宽广的发展道路，从而带动中国经济的高速发展。这是市场的发展方向，也是用户所期待的结果。

“互联网 +”的这些特点，让许多企业都开始迅速抢滩，不论是传统企业还是网络行业，谁都想尽快在新出现的领域中分得一杯羹，使自己的企业快速发展，以适应市场的需求。

在互联网时代，企业之间的竞争也会变得更加激烈和残酷。因此，只有认识到这种竞争的现状，才更能让企业看清当前的趋势，从而挖掘出企业自身的优势，与互联网进行充分完美的融合，才能在激烈的市场中占据一席之地。